KB205382

처음 시작하는 구원론

처음 시작하는 구원론

구원의 서정을 따라
기독교의 구원론 핵심 정리하기

초판 1쇄 발행 2022년 7월 25일
초판 2쇄 발행 2024년 7월 30일

지은이 | 김태희
펴낸이 | 강인구

펴낸곳 | 세움북스
등 록 | 제2014-000144호
주 소 | 서울특별시 종로구 대학로 19 한국기독교회관 1010호
전 화 | 02-3144-3500
이메일 | cdgn@daum.net

디자인 | 참디자인

ISBN 979-11-91715-46-0 (03230)

* 이 책은 신저작권법에 의하여 국내에서 보호를 받는 저작물입니다.
  출판사의 협의 없는 무단 전재와 무단 복제를 엄격히 금합니다.
* 책값은 뒷표지에 있습니다.
* 잘못된 책은 교환하여 드립니다.

구원의 서정을 따라 기독교의 구원론 핵심 정리하기

처음 시작하는 구원론

김태희 지음

세움북스

서문

이 책은 '처음 시작하는' 시리즈의 세 번째 책입니다. 첫 번째 책인 《처음 시작하는 기독교강요》에서는 종교개혁의 신학을 쉽게 이해할 수 있도록, 장 칼뱅의 《기독교강요》를 요약했습니다. 두 번째 책인 《처음 시작하는 성경공부》에서는 복음을 쉽게 이해할 수 있도록, 웨스트민스터 소요리문답의 복음 파트를 요약했습니다. 세 번째 책인 《처음 시작하는 구원론》에서는 구원이 무엇인지를 쉽게 이해할 수 있도록, 개혁주의적인 입장에서 기독교의 구원론을 차근차근 설명했습니다.

《처음 시작하는 구원론》이 개혁주의적이라는 것은 다음과 같은 뜻입니다. 첫째, **오직 성경**입니다. 구원에 관한 여러 가지 질문들의 답을 오직 성경에서 찾으려고 노력했습니다. 둘째, **오직 그리스도**입니다. 하나님께서 신자들에게 구원의 은혜를 베푸신 것은 오직 그리스도 때문임을 밝히고 있습니다. 셋째, **오직 믿음**입니다. 우리가 구원의 은혜를 받은 것은 오직 그리스도를 믿는 믿음 때문이라고 말합니다. 넷째, **오직 은혜**입니다. 우리가 그리스도를 구원자로 믿을 수 있었던 것은 오직 은혜 때문임을 알 수 있습니다. 다섯째, **오직 하나님께 영광**입니다. 이 책을 모두 읽고 나면, 구원의 영광을 오직 하나님께만 돌리게 될 것입니다.

명덕교회 초등부 교사들(김진희, 김효진, 박대권, 서영숙, 손수호, 윤하람, 임춘앵, 전계향, 정안수, 조은숙, 최명환, 허미화)에게 감사를 표합니다. 그들의 지지와 사랑이 '처음 시작하는 시리즈'를 저술하는 데 큰 힘이 되었습니다. 예성렬 집사님과 김대호 집사님께 감사를 표합니다. 그들은 저의 오랜 친구이자 형제입니다. 부족한 제가 지금껏 목회자로 살 수 있었던 것은, 하나님의 사랑이 그들을 통해 저에게 전달되었기 때문입니다.

목차

01
하나님의 구원

구원의 시작

우리의 구원은 누구로부터 시작되었을까요? 크게 두 가지 주장이 있습니다.

한 가지는 하나님으로부터 시작되었다는 주장입니다. 이렇게 주장하는 사람들은 "하나님께서 우리를 구원하셨기에 우리가 믿을 수 있었다."고 말합니다. 사람의 믿음보다 하나님의 구원이 먼저입니다.

또 한 가지는 사람으로부터 시작되었다는 주장입니다. 이렇게 주장하는 사람들은 "우리가 믿었기에 하나님께서 우리를 구원하셨다."고 말합니다. 하나님의 구원보다 사람의 믿음이 먼저입니다.

이 중 성경적인 주장은 전자입니다. 우리의 구원은 사람이 아니라 하나님으로부터 시작되었습니다. 우리가 믿을 수 있었던 것은, 하나님께서 우리를 구원하셨기 때문입니다. 성경은 다음과 같이 말합니다.

곧 창세전에 그리스도 안에서 우리를 택하사 우리로 사랑 안에서 그 앞에 거룩하고 흠이 없게 하시려고 그 기쁘신 뜻대로 우리를 예정하사 예수 그 리스도로 말미암아 자기의 아들들이 되게 하셨으니 _ 엡 1:4-5

하나님께서는 창세전에 우리를 선택하셨습니다. 우리는 태어나기 전에 구원받을 자로 선택되었습니다. 우리는 창세전에 구원받았고, 구원받았기에 믿을 수 있었습니다. 따라서 구원이 사람에게 달려 있다고 생각해서는 안 됩니다. 내가 믿어서 구원받았다고 생각해서도 안 됩니다. 구원은 하나님께서 시작하시고, 하나님께서 이루시는 일입니다.

그렇다고 해서 우리의 역할이 전혀 없는 것은 아닙니다. 하나님께서 주권적으로 우리의 구원을 시작하셨고, 하나님께서 주권적으로 우리의 구원을 완성하시지만, 그럼에도 불구하고 우리는 스스로 올바른 것을 선택해야 합니다. 믿는 것을 선택해야 하고, 순종하는 것을 선택해야 하고, 거룩한 것을 선택해야 합니다.

성경은 하나님의 주권과 인간의 책임이 대립되지 않으며, 둘 다 사실이라고 말합니다.[*]

인자는 이미 작정된 대로 가거니와 그를 파는 그 사람에게는 화가 있으리로다 _ 눅 22:22

예수님의 죽음은 하나님께서 작정(계획)하신 일입니다("인자는 이미 작정된 대로 가거니와") 하지만 예수님을 죽인 자들은 자신들의 행위에

---

[*]   앤서니 후크마, 『개혁주의 구원론』(서울: 부흥과 개혁사, 2012), 16.

책임을 져야 합니다("그를 파는 그 사람에게는 화가 있으리로다"). 구원에 있어서 하나님의 주권과 인간의 책임이 동시에 강조되는 것은 우리가 이해할 수 없는 신비입니다. 우리는 천국에 가서야 이 신비를 이해하게 될 것입니다.

삼위 하나님의 구원

성부, 성자, 성령 하나님께서는 우리의 구원을 위해 긴밀하게 협력하십니다. 우리의 구원은 삼위 하나님의 협동(공동) 사역입니다. 하지만 성부께서 주로 하시는 일이 있고, 성자께서 주로 하시는 일이 있으며, 성령께서 주로 하시는 일이 있습니다. 이것은 다음과 같이 구분할 수 있습니다.

성부 하나님의 주된 사역	구원받을 자들을 선택하심
성자 하나님의 주된 사역	택함받은 자들의 구원을 이루심
성령 하나님의 주된 사역	성부께서 택하신 자들에게, 성자께서 이루신 구원을 적용하심

구원에 있어서 성부 하나님의 주된 사역은 구원받을 자들을 선택하시는 일입니다. 여기에는 **작정과 예정**이 포함됩니다. 구원에 있어서 성자 하나님의 주된 사역은 택함받은 자들의 구원을 이루시는 일입니다. 여기에는 **속죄**가 포함됩니다. 구원에 있어서 성령 하나님의 주된 사역은 성자께서 이루신 구원을 택함받은 자들에게 적용하시는 일입니다. 여기에는 **부르심, 중생, 연합, 회심**(회개와 믿음)**, 칭**

의, 양자 됨, 성화, 견인, 죽음 그리고 영화가 포함됩니다.

이 일련의 과정을 구원의 순서 또는 '구원의 서정'이라고 합니다. 물론 이것들은 논리적인 순서일 뿐, 시간적인 순서는 아닙니다. 예를 들어, 부르심과 칭의와 영화는 시간적인 순서가 명확합니다. 부르심 다음에 칭의가 있고, 칭의 다음에 영화가 있습니다(롬 8:30). 하지만 부르심과 중생과 연합은 시간적인 순서가 명확하지 않습니다. 사실상 동시에 일어난다고 봐야 합니다.

따라서 구원의 서정이라고 표현했지만, 사실은 하나의 통일적인 과정입니다. 구원의 유익들은 각각 따로 발생하지 않고, 함께 발생합니다. 그럼에도 우리가 구원의 유익들을 구분해서 살펴보는 이유는, 구원의 유익들을 분리하려는 것이 아니라, 구별하려는 것입니다. 하나씩 구별해서 살펴볼 때, 하나님의 구원이 얼마나 놀라운 것인지 좀 더 구체적으로 알 수 있기 때문입니다.

구원의 서정	
성부 하나님의 주된 사역	예정 ⋯▸
성자 하나님의 주된 사역	속죄 ⋯▸
성령 하나님의 주된 사역	부르심 ⋯▸ 중생 ⋯▸ 연합 ⋯▸ 회심(회개와 믿음) ⋯▸ 칭의 ⋯▸ 양자 됨 ⋯▸ 성화 ⋯▸ 견인 ⋯▸ 죽음 ⋯▸ 영화

이제 구원의 서정을 따라, 하나님의 구원하심을 하나씩 살펴보도록 하겠습니다.

나눔을 위한 질문

Q 우리의 구원은 누구로부터 시작되었습니까?

Q 하나님은 우리를 언제 선택하셨습니까?

Q 우리의 구원을 위해 성부 하나님께서 주로 하시는 일은 무엇입니까?

Q 성부 하나님의 선택 사역에 포함되는 두 가지는 무엇입니까?

02
작정과 예정

하나님의 작정

성경에 기록된 첫 번째 사건은 창조입니다. 그래서 하나님께서 가장 먼저 하신 일이 창조라고 생각하기 쉽습니다. 하지만 하나님께서 창조보다 앞서서 하신 일이 있습니다. 바로 작정입니다. 작정은 하나님의 계획입니다. 하나님께서는 계획을 세우시고, 그 계획에 근거하여 창조하셨습니다.

구원도 마찬가지입니다. 하나님께서는 우리를 구원할 계획을 세우시고, 그 계획에 근거하여 우리를 구원하셨습니다. 그래서 구원은 사람의 능력에 달린 일이 아니라, 하나님의 능력에 달린 일입니다. "내가 복음을 부끄러워하지 아니하노니 이 복음은 모든 믿는 자에게 구원을 주시는 **하나님의 능력**이 됨이라"(롬 1:16).

성경은 작정에 대해 다음과 같이 말합니다.

첫째, 하나님의 작정은 **일어나는 일들의 일차 원인**입니다. "여호와의 계획은 영원히 서고 그의 생각은 대대에 이르리로다"(시 33:11).

하나님께서는 영원 전에 계획하셨습니다. 따라서 일어나는 일들은 하나님께서 미리 계획하신 결과입니다.

둘째, 하나님의 작정은 **몇몇 사건들이 아니라, 모든 사건을 포함**합니다. "모든 일을 그의 뜻의 결정대로 일하시는 이의 계획을 따라 우리가 예정을 입어 그 안에서 기업이 되었으니"(엡 1:11). 하나님께서는 특별하고 중요한 일들만 계획하신 것이 아닙니다. 하나님께서는 모든 것을 계획하셨습니다.

셋째, 하나님의 작정은 **창세전에 일어난 일**입니다. "곧 창세전에 그리스도 안에서 우리를 택하사 우리로 사랑 안에서 그 앞에 거룩하고 흠이 없게 하시려고"(엡 1:4). 하나님께서는 창세전에 구원받을 자들을 선택하셨습니다. 하나님께서는 창세전에 모든 것을 계획하셨습니다.

넷째, 하나님의 작정은 **하나님의 영광을 목적으로** 합니다. "이는 만물이 주에게서 나오고 주로 말미암고 주에게로 돌아감이라 그에게 영광이 세세에 있을지어다"(롬 11:36). 만물이 존재하는 목적은 하나님의 영광입니다. 하나님께서는 영광을 받으시기 위해, 모든 것을 계획하셨습니다.

정리하면 하나님의 작정은 다음과 같습니다. **하나님의 작정은 하나님께서 당신의 영광을 위하여, 앞으로 일어날 모든 일을, 창세전에 미리 계획하신 것입니다.**

하나님의 작정 가운데 신자의 구원에 관한 것을 **예정**이라고 합니다. 하나님께서 모든 것을 계획하셨으므로, 신자의 구원도 하나님의 계획에 포함되는 것은 당연한 일입니다. 우리가 구원을 받은 것은, 하나님께서 우리의 구원을 계획하셨기 때문입니다(엡 1:4).

작정	예정
하나님께서 창세전에 세우신 계획	작정 가운데 구원에 관한 것

예정 교리를 반대하는 자들이 적지 않습니다. 하나님께서 구원받을 자들을 미리 선택하셨다는 것은, 심판받을 자들도 미리 선택하셨다는 뜻이기 때문입니다. 예정 교리를 반대하는 자들은 예정 교리가 하나님을 불공평한 분으로 만든다고 주장합니다. 하지만 예정 교리는 하나님을 불공평한 분으로 만들지 않습니다. 사실 가장 공평한 것은 하나님께서 모든 사람을 심판하시는 것입니다. 모든 사람이 죄를 지었기 때문입니다. "이와 같이 **모든 사람**이 죄를 지었으므로 사망이 **모든 사람**에게 이르렀느니라"(롬 5:12).

모든 사람이 죄를 지었으므로, 모든 사람이 심판을 받아야 합니다. 하지만 자비로우신 하나님께서는 그중에 일부를 구원할 계획을 세우셨습니다. 따라서 하나님의 예정은 하나님을 불공평한 분으로 만들지 않습니다. 하나님의 예정은 하나님의 자비와 긍휼을 보여 줄 뿐입니다.

작정과 예정 ⋯➔ 속죄 ⋯➔ 부르심 ⋯➔ 중생 ⋯➔ 연합 ⋯➔ 회심(회개와 믿음) ⋯➔
칭의 ⋯➔ 양자 됨 ⋯➔ 성화 ⋯➔ 견인 ⋯➔ 죽음 ⋯➔ 영화

1	작정 과 예정	작정	하나님께서 당신의 영광을 위하여, 앞으로 일어날 모든 일을, 창세전에 미리 계획하신 것
		예정	하나님의 작정 가운데, 신자의 구원에 관한 것

나눔을 위한 질문

Q 일어나는 모든 일의 일차 원인은 무엇입니까?

Q 하나님의 작정에는 어떤 사건들이 포함됩니까?

Q 하나님은 언제 작정하셨습니까?

Q 하나님께서 작정하신 목적은 무엇입니까?

Q 하나님의 작정 가운데 신자의 구원에 관한 것을 무엇이라고 합니까?

03
속죄

예수님의 속죄 사역

하나님께서는 어떤 사람들을 구원으로 예정하셨습니다. 하나님께서는 구원받을 자들을 미리 선택하셨습니다. 하지만 택함받은 자들이 그냥 구원을 받는 것은 아닙니다. 택함받은 자들이 구원을 받기 위해서는 예수님의 속죄 사역이 있어야 합니다.

속죄는 죄를 해결한다는 뜻입니다. 우리의 속죄를 위해 예수님께서 하신 일은 크게 두 가지입니다.

첫째, 죽음입니다. 하나님께서는 죄의 대가가 죽음이라고 하셨습니다. "죄의 삯은 사망이요"(롬 6:23). 따라서 죄는 죽음으로만 해결할 수 있습니다. 바로 이것이 예수님께서 십자가에서 죽으신 이유입니다. 예수님의 죽음은 우리의 죄를 해결하시기 위해 우리 대신 죽으신 죽음입니다. 예수님의 죽음은 죄의 대가를 치르기 위해 우리 대신 죽으신 죽음입니다.

그래서 성경은 예수님의 죽음을, '석방금'이라고 표현합니다. "인자가 온 것은 섬김을 받으려 함이 아니라 도리어 섬기려 하고 자기

목숨을 많은 사람의 **대속물**로 주려 함이니라"(막 10:45). '대속물'로 번역된 헬라어 '뤼트론'은 노예를 해방시키기 위해 지불된 석방금을 의미합니다. 예수님의 죽음은 우리를 죄와 사망에서 해방시키기 위한 석방금입니다.

둘째, 순종입니다. 하나님께서는 율법에 순종할 것을 요구하셨고, 율법에 순종할 때 구원을 얻는다고 하셨습니다. "율법으로 말미암는 의를 행하는 사람은 그 의로 살리라"(롬 10:5). 따라서 죄를 해결하는 것만으로는 부족합니다. 예수님의 십자가는 우리를 무죄한 상태로 만들 뿐, 의로운 상태로 만들지는 못합니다.

바로 이것이 예수님께서 율법에 순종하신 이유입니다. 예수님의 순종은, 우리를 의롭게 하시기 위해 우리 대신 순종하신 순종입니다. 예수님의 순종은 우리를 천국에 합당한 자로 만드시기 위해 우리 대신 순종하신 순종입니다. "한 사람이 순종하심으로 많은 사람이 의인이 되리라"(롬 5:19).

전통적으로 교회는 예수님의 속죄 사역을 수동적 순종과 능동적 순종으로 구분했습니다. 예수님의 수동적 순종은 **우리의 죄를 해결하시기 위해 우리 대신 십자가에서 죽으신 것**을 말합니다. 예수님의 능동적 순종은 **우리를 의롭게 하시기 위해 우리 대신 율법에 순종하신 것**을 말합니다.

예수님의 속죄 사역	죽음	수동적 순종	우리 대신 십자가에서 죽으심
	순종	능동적 순종	우리 대신 율법에 순종하심

구약 신자들의 속죄

그리스도께서 오시기 전, 구약의 신자들은 어떻게 자신들의 죄를 속죄했을까요? 구약의 신자들은 짐승의 피로 희생 제사를 드렸습니다. 그런데 짐승의 피에는 우리의 죄를 해결할 가치가 없습니다. 따라서 하나님께서는 짐승의 피를 보시고 구약의 신자들을 용서하신 것이 아닙니다.

하나님께서 희생 제물의 피를 받아 주신 것은, 그것이 그리스도의 피를 예표하기 때문입니다. 하나님께서는 희생 제물을 보시고 구약의 신자들을 용서하신 것이 아니라, 구약의 희생 제물이 예표하는 그리스도를 보시고 구약의 신자들을 용서하셨습니다. 따라서 신약의 신자들뿐만 아니라, 구약의 신자들도 그리스도 때문에 구원을 얻은 것입니다.

속죄의 범위

속죄의 범위에 대해 크게 두 가지 주장이 있습니다. 하나는 예수님께서 모든 사람을 위해 대신 죽으셨다는 것입니다. 이것을 '보편 속죄'라고 합니다. 다른 하나는 예수님께서 택함받은 사람만을 위해 죽으셨다는 것입니다. 이것을 '제한 속죄'라고 합니다. 역사적으로 참된 교회는 제한 속죄를 믿어 왔습니다. 제한 속죄가 성경적이기 때문입니다.

예수님께서는 십자가의 죽음을 앞두고 성부 하나님께 다음과 같이 기도하셨습니다.

세상 중에서 내게 주신 사람들에게 내가 아버지의 이름을 나타내었나이다 _ 요 17:6

내가 그들을 위하여 비옵나니 내가 비옵는 것은 세상을 위함이 아니요 **내게 주신 자들**을 위함이니이다 _ 요 17:9

예수님께서는 모든 사람을 위해 대신 죽으신 것이 아닙니다. 예수님께서는 성부께서 미리 택하신 자들을 위해서 대신 죽으셨습니다. 예수님께서는 구원으로 예정된 자들을 위해서 대신 죽으셨습니다. 따라서 성부의 예정과 성자의 속죄는 긴밀하게 연결되어 있습니다. 예정된 사람은 반드시 속죄되고, 속죄된 사람은 반드시 예정된 사람입니다.

그런데 성경에는 예수님께서 모든 사람을 위하여 죽은 것처럼 보이는 구절들이 있습니다. 예를 들면 다음과 같습니다.

그가 **모든 사람**을 위하여 자기를 대속물로 주셨으니 기약이 이르러 주신 증거니라 _ 딤전 2:6

모든 사람에게 구원을 주시는 하나님의 은혜가 나타나 _ 딛 2:11

이 구절들은 보편 속죄를 말하는 것이 아닙니다. 여기서 '모든'이라는 단어는 '세상 모든 사람'이라는 의미가 아니라 '모든 부류의 사람'이라는 뜻으로 사용되었습니다. 하나님의 구원은 지위와 인종을 차별하지 않고 모든 부류에게 해당된다는 뜻입니다.

구원의 서정

작정과 예정 ⋯→ 속죄 ⋯→ **부르심** ⋯→ **중생** ⋯→ **연합** ⋯→ **회심(회개와 믿음)** ⋯→
칭의 ⋯→ **양자 됨** ⋯→ **성화** ⋯→ **견인** ⋯→ **죽음** ⋯→ **영화**

1	작정과 예정	작정	하나님께서 당신의 영광을 위하여, 앞으로 일어날 모든 일을, 창세전에 미리 계획하신 것
		예정	하나님의 작정 가운데, 신자의 구원에 관한 것
2	속죄	죽음 (수동적 순종)	예수님께서 우리의 죄를 해결하시기 위해 우리 대신 십자가에서 죽으신 것
		순종 (능동적 순종)	예수님께서 우리를 의롭게 하시기 위해 우리 대신 율법에 순종하신 것

Q 우리의 속죄를 위해 예수님께서 하신 일은 무엇입니까?

Q 예수님의 수동적 순종이란 무엇입니까?

Q 예수님의 능동적 순종이란 무엇입니까?

Q 구약의 신자들은 누구 때문에 구원을 얻었습니까?

Q 제한 속죄론의 근거가 되는 성경 구절은 무엇입니까?

04
부르심과 중생

부르심

하나님께서는 작정과 예정을 통해 우리의 구원을 계획하셨고, 속죄를 통해 우리의 구원을 이루셨습니다. 하나님께서는 이 복을 한동안 하늘에 저장해 두셨습니다. 그리고 때가 되었을 때에, 부르심을 통해 우리에게 적용하셨습니다. 성경은 부르심에 대해 다음과 같이 말합니다.

> 너희를 **불러** 그의 아들 예수 그리스도 우리 주와 더불어 **교제**하게 하시는 하나님 _ 고전 1:9

> 이는 너희를 **부르사** 자기 나라와 **영광**에 이르게 하시는 하나님 _ 살전 2:12

> 너희도 그들 중에서 예수 **그리스도의 것으로 부르심**을 받은 자니라_ 롬 1:6

> 하나님의 사랑하심을 받고 **성도로 부르심**을 받은 모든 자에게 _ 롬 1:7

> 형제들아 너희가 **자유**를 위하여 **부르심**을 입었으나 _ 갈 5:13

믿음의 선한 싸움을 싸우라 **영생**을 취하라 이를 위하여 네가 **부르심**을 받

았고 _ 딤전 6:12

 하나님께서는 택하신 자들을 그리스도와 교제하게 하려고 부르
십니다. 영광으로 부르시고, 그리스도의 것으로 부르시고, 성도로
부르시고, 자유로 부르시고, 영생으로 부르십니다. 따라서 부르심
은 그리스도께서 이루신 구원을 받도록 초대하시는 하나님의 호출
입니다.[*]

부르심이란?

그리스도께서 이루신 구원을 받도록 초대하시는 하나님의 호출

효력 있는 부르심

 하나님의 부르심에는 크게 두 가지 방식이 있습니다. 외적 부르
심과 내적 부르심입니다. 외적 부르심은 교회의 전도와 선교입니
다. 내적 부르심은 사람들의 마음에서 일하시는 성령님의 역사입니
다. 교회의 전도와 선교는 항상 효력이 있지 않습니다. 반면에 성령
의 역사는 항상 효력이 있습니다. 그래서 내적 부르심을 효력 있는
부르심이라고 합니다.

---

[*] 웨인 그루뎀, 『웨인 그루뎀의 조직신학 (중): 성령론, 구원론, 기독론』(서울: 은성, 2009), 302.

구분	주체	효력
외적 부르심	교회의 전도와 선교	항상 효력 있지 않음
내적 부르심 (효력 있는 부르심)	성령의 내적 역사	항상 효력이 있음

성경은 효력 있는 부르심에 관하여 다음과 같이 말합니다.

첫째, 효력 있는 부르심은 **하나님의 은혜**입니다. "하나님이 우리를 구원하사 거룩하신 소명으로 부르심은 … 은혜대로 하심이라"(딤후 1:9). 효력 있는 부르심은 공로나 상급이 아닙니다. 우리에게 어떤 자격이 있어서 우리를 부르시는 것이 아닙니다. 오직 은혜입니다.

둘째, 효력 있는 부르심의 **수단은 성령과 말씀**입니다. "주께서 사랑하시는 형제들아 우리가 항상 너희에 관하여 마땅히 하나님께 감사할 것은 하나님이 처음부터 너희를 택하사 성령의 거룩하게 하심과 진리를 믿음으로 구원을 받게 하심이니"(살후 2:13). 하나님께서는 택하신 자들을 "성령의 거룩하게 하심과 진리를 믿음으로" 구원하십니다. 따라서 부르심의 수단은 성령과 말씀입니다.

셋째, 효력 있는 부르심을 통해 **마음과 의지가 새롭게** 됩니다. "내가 그들에게 한 마음을 주고 그 속에 새 영을 주며 그 몸에서 돌 같은 마음을 제거하고 살처럼 부드러운 마음을 주어"(겔 11:19). 에스겔 선지자는 성령의 역사를 예언했습니다. 성령의 역사는 돌 같은 마음을 살처럼 부드러운 마음으로 변화시키는 것입니다. 바로 이것이 효력 있는 부르심입니다. 성령 하나님은 우리의 마음과 의지를 새롭게 하셔서, 하나님의 부르심에 기꺼이 반응하게 하십니다.

정리하면 효력 있는 부르심은 다음과 같습니다. 효력 있는 부르심은 하나님께서 성령과 말씀을 통해 우리의 마음과 의지를 새롭게 하시는 은혜의 행위입니다.

효력 있는 부르심이란?

하나님께서 성령과 말씀을 통해 우리의 마음과 의지를 새롭게 하시는 은혜의 행위

중생

신자의 영혼에서 부르심과 동시에 일어나는 일이 있습니다. 바로 중생입니다. 성경은 중생에 대해 다음과 같이 말합니다.

첫째, 중생은 **다시 태어나는 것**입니다. "예수께서 대답하여 이르시되 진실로 진실로 네게 이르노니 사람이 거듭나지 아니하면 하나님의 나라를 볼 수 없느니라"(요 3:3). 예수님께서는 거듭나야만 구원을 받을 수 있다고 하셨습니다. 거듭나는 것, 즉 다시 태어나는 것이 중생입니다. 그래서 성경은 중생을 '새 창조'라고 합니다(고후 5:17).

둘째, 중생은 **영적 변화**입니다. "육으로 난 것은 육이요 영으로 난 것은 영이니 내가 네게 거듭나야 하겠다 하는 말을 놀랍게 여기지 말라"(요 3:6-7). 예수님께서는 영적으로 거듭나야 한다고 말씀하셨습니다. 사람이 영적으로 죽어 있기 때문입니다. 예를 들어 죽은 사람은 아무 소리도 들을 수 없습니다. 듣기 위해서는 먼저 살아나야 합니다. 마찬가지로 영적으로 죽은 사람은 복음에 반응할 수 없습니다. 복음에 반응하기 위해서는 먼저 영적으로 살아나야 합니다.

셋째, 중생은 **성령의 역사**입니다. "성령으로 난 사람도 다 그러하니라"(요 3:8). 예수님께서는 신자가 성령으로 난 사람이라고 하셨습

니다. 우리를 다시 태어나게 하신 분이 성령님이라는 뜻입니다. 우리는 성령의 능력으로 거듭났습니다.

넷째, 중생한 사람은 **이전과는 다른 성향을 가지게** 됩니다. "기록된 바 의인은 없나니 하나도 없으며 깨닫는 자도 없고 하나님을 찾는 자도 없고 다 치우쳐 함께 무익하게 되고 선을 행하는 자는 없나니 하나도 없도다"(롬 3:10-12). 모든 사람은 하나님을 인정하지 않고 복음을 거부하는 성향을 가지고 있습니다. 중생을 통해 이러한 성향이 변화됩니다. 중생을 통해 하나님을 경외하고, 복음을 영접하는 성향으로 바뀌게 됩니다. 그래서 성경은 중생한 사람을 '새로운 피조물'이라고 합니다. "그런즉 누구든지 그리스도 안에 있으면 새로운 피조물이라 이전 것은 지나갔으니 보라 새 것이 되었도다"(고후 5:17).

정리하면 중생은 다음과 같습니다. 중생은 하나님께서 성령의 능력으로 우리를 영적으로 다시 태어나게 하셔서, 우리의 성향을 변화시키시는 것입니다.

중생이란?

하나님께서 성령의 능력으로 우리를 영적으로 다시 태어나게 하셔서,
우리의 성향을 변화시키시는 것

부르심과 중생의 순서

부르심과 중생은 동시에 일어나기 때문에, 시간적인 순서를 따지기 어렵습니다. 하지만 의미상의 순서를 따지자면, 중생은 부르심의 결과로 볼 수 있습니다. 루디아의 회심 사건은 이 사실을 잘 보여줍니다. "루디아라 하는 한 여자가 말을 듣고 있을 때 주께서 그 마

음을 열어 바울의 말을 따르게 하신지라"(행 16:14).

사건	주체	구분
루디아라 하는 한 여자가 말을 듣고 있을 때	바울의 전도	외적 부르심
주께서 그 마음을 열어	성령의 내적 역사	내적 부르심 (효력 있는 부르심)
바울의 말을 따르게 하신지라	루디아의 영적 변화	중생

사도 바울이 루디아에게 복음을 전했습니다. 외적 부르심입니다. 성령께서 루디아의 마음을 여시고 깨닫게 하셨습니다. 내적 부르심입니다. 루디아가 바울의 말을 따르게 되었습니다. 중생입니다. 이처럼 중생은 성령의 역사로 인한 영적 변화로서, 부르심의 결과입니다. 하지만 이것은 모든 경우에 적용될 수 있는 원칙은 아닙니다.

성경은 루디아의 마음이 한순간에 변화된 것으로 말하고 있습니다. 따라서 성향의 변화인 중생은 순간적으로 발생하며, 순간적으로 완성되는 사건입니다. 택함받은 자들은 순간적으로 중생하고, 중생하는 즉시 사망에서 생명으로 옮겨집니다.

부르심에는 크게 두 종류가 있다고 했습니다. 외적 부르심과 내적 부르심입니다. 어떤 사람들은 외적 부르심만 받지만, 어떤 사람들은 외적 부르심과 내적 부르심을 함께 받습니다. 이런 차이가 일어나는 이유는 무엇일까요? 하나님의 예정 때문입니다. 하나님께서 구원으로 예정하신 자들은 외적 부르심과 내적 부르심을 함께 받습니다. 그렇지 않은 자들은 외적 부르심만 받습니다. 그 결과 구원받기로 예정된 자들은 복음에 반응하지만, 그렇지 않은 자들은 복음에 반응하지 않습니다. "이방인들이 듣고 기뻐하여 하나님의 말씀을 찬송하며 영생을 주시기로 작정된 자는 다 믿더라"(행 13:48).

구분	대상
외적 부르심	모든 사람
내적 부르심 (효력 있는 부르심)	구원받기로 예정된 사람

따라서 예정과 부르심, 예정과 중생은 긴밀하게 연결되어 있습니다. 예정된 사람은 반드시 부르심을 받으며, 반드시 중생합니다. 부르심을 받고 중생한 사람은 반드시 예정된 사람입니다.

구원의 서정

작정과 예정 ⋯▸ 속죄 ⋯▸ 부르심 ⋯▸ 중생 ⋯▸ 연합 ⋯▸ 회심(회개와 믿음) ⋯▸
칭의 ⋯▸ 양자 됨 ⋯▸ 성화 ⋯▸ 견인 ⋯▸ 죽음 ⋯▸ 영화

1	**작정 과 예정**	작정	하나님께서 당신의 영광을 위하여, 앞으로 일어날 모든 일을, 창세전에 미리 계획하신 것
		예정	하나님의 작정 가운데, 신자의 구원에 관한 것
2	**속죄**	죽음 (수동적 순종)	예수님께서 우리의 죄를 해결하시기 위해 우리 대신 십자가에서 죽으신 것
		순종 (능동적 순종)	예수님께서 우리를 의롭게 하시기 위해 우리 대신 율법에 순종하신 것
3	**부르심 과 중생**	부르심	그리스도께서 이루신 구원을 받도록 초대하시는 하나님의 호출
		중생	하나님께서 성령의 능력으로 우리를 영적으로 다시 태어나게 하셔서, 우리의 성향을 변화시키시는 것

나눔을 위한 질문

Q 부르심이란 무엇입니까?

Q 외적 부르심의 주체는 누구입니까?

Q 내적 부르심의 주체는 누구입니까?

Q 내적 부르심을 효력 있는 부르심이라고 하는 이유는 무엇입니까?

Q 효력 있는 부르심의 수단은 무엇입니까?

Q 신자의 영혼에서 부르심과 동시에 일어나는 것은 무엇입니까?

Q 중생이란 무엇입니까?

05
연합

그리스도와의 영적 연합

성경은 예수님이 우리 안에 거하신다고 말합니다. 예수님과 우리가 한 몸이라고 말합니다.

> 내 살을 먹고 내 피를 마시는 자는 내 안에 거하고 **나도 그의 안에 거하나니** _ 요 6:56

> 그 날에는 내가 아버지 안에, 너희가 내 안에, **내가 너희 안에** 있는 것을 너희가 알리라 _ 요 14:20

> 내 안에 거하라 나도 **너희 안에 거하리라** _ 요 15:4

> 또 만물을 그의 발 아래에 복종하게 하시고 그를 만물 위에 **교회의 머리로** 삼으셨느니라 **교회는 그의 몸**이니 만물 안에서 만물을 충만하게 하시는 이의 충만함이니라 _ 엡 1:22-23

이상의 말씀처럼 예수님은 우리 안에 거하시고, 우리는 예수님 안에 거합니다. 예수님은 우리의 머리이시고, 우리는 예수님의 몸입니다. 이것을 '그리스도와의 연합'이라고 합니다.

흔히 연합이라고 하면 물질이 섞이는 것을 생각하기 쉽습니다. 물과 소금을 섞거나, 밀가루와 계란을 섞는 것처럼 말입니다. 예수님과 신자의 연합은 물질적인 연합이 아닙니다. 예수님과 신자의 연합은 영적 연합입니다. 예수님과 신자의 연합은 **성령님에 의한 연합**입니다. 그래서 그리스도와 신자의 연합을 **영적 연합**이라고 합니다.

성경은 예수님이 하나님 우편에 계신다고 말합니다. "이제부터는 인자가 하나님의 권능의 우편에 앉아 있으리라"(눅 22:69). 지금 예수님은 하나님과 함께 하늘에 계십니다. 그렇다면 예수님은 어떻게 우리 안에 거하실 수 있을까요?

신자 안에는 성령님이 거하십니다. "하나님의 성령이 너희 안에 계시는 것을 알지 못하느냐"(고전 3:16). 그런데 성령님은 그리스도의 영입니다(롬 8:9). 따라서 성령님이 신자 안에 거하시는 것은, 예수님이 신자 안에 거하시는 것이나 마찬가지입니다. 예수님은 성령의 능력으로 신자 안에 거하시고, 성령의 능력으로 신자와 연합하십니다.

영적 연합의 내용

우리는 그리스도와 영적으로 연합되어 있습니다. 예수님과 영적으로 연합한 신자에게는 다음과 같은 일이 일어납니다.

첫째, 예수님으로부터 **영적 생명을 공급**받습니다. "나는 포도나

무요 너희는 가지라 그가 내 안에, 내가 그 안에 거하면 사람이 열매를 많이 맺나니 나를 떠나서는 너희가 아무것도 할 수 없음이라"(요 16:5). 가지는 줄기로부터 생명을 공급받습니다. 우리도 마찬가지입니다. 우리는 예수님과 연합되어 있기에, 예수님으로부터 영적 생명을 공급받습니다. 예수님은 영적 연합을 통해 우리에게 영적 생명을 공급해 주십니다.

둘째, 아담에게 속한 자가 아니라, **예수님께 속한 자**가 됩니다. 아담은 모든 인류의 대표로 창조되었습니다. 모든 인류는 아담에게 속해 있었습니다. 그래서 아담의 범죄는 모든 인류에게 영향을 미쳤습니다. 성경은 아담 한 사람의 범죄로 인해, 모든 사람이 타락했다고 말합니다. "그러므로 한 사람으로 말미암아 죄가 세상에 들어오고 죄로 말미암아 사망이 들어왔나니 이와 같이 모든 사람이 죄를 지었으므로 사망이 모든 사람에게 이르렀느니라"(롬 5:12). 흔히 이것을 '대표성의 원리'라고 합니다. 축구 대표팀을 생각하면 이해하기 쉽습니다. 대표팀의 승리는 곧 모든 국민의 승리요, 대표팀의 패배는 곧 모든 국민의 패배입니다.

우리의 대표는 아담이 아닙니다. 우리는 예수님과 연합되어 있으므로, 우리의 대표는 예수님입니다. 우리는 더이상 아담으로부터 내려오는 원죄의 영향을 받지 않습니다. 더 이상 원죄의 저주 아래 있지 않습니다. 대신 우리는 예수님과 운명 공동체입니다. 예수님과 연합해 있으므로, 예수님의 순종은 우리의 순종이고, 예수님의 죽음은 우리의 죽음입니다.

셋째, 예수님과 **유기적으로 연합**됩니다. "땅에 엎드러져 들으매 소리가 있어 이르시되 사울아 사울아 네가 어찌하여 나를 박해하느냐 하시거늘 대답하되 주여 누구시니이까 이르시되 나는 네가 박해하는 예수라"(행 9:4-5). 사울이 박해한 것은 초대 교회 신자들입니다. 그런데 왜 예수님은 사울이 자신을 박해한다고 하셨을까요? 예수님과 신자가 유기적으로 연합되어 있기 때문입니다. 예수님은 신자의 고통과 아픔을, 자신의 고통과 아픔으로 여기십니다.

넷째, 예수님과 **영원히 나누어지지 않습니다.** "내가 아버지께 구하겠으니 그가 또 다른 보혜사를 너희에게 주사 영원토록 너희와 함께 있게 하리니"(요 14:16). 예수님은 성령의 능력으로 우리와 함께하십니다. 성령님은 영원토록 우리와 함께하십니다. 따라서 예수님과 신자의 연합은 영원한 연합입니다. 아무도 예수님과 신자의 연합을 깨뜨릴 수 없습니다. "내가 그들에게 영생을 주노니 영원히 멸망하지 아니할 것이요 또 그들을 내 손에서 빼앗을 자가 없느니라"(요 10:28).

정리하면, 영적 연합은 다음과 같습니다. 영적 연합은 택함받은 자들이 그리스도와 영적·유기적으로 연합되어 예수님께 속한 자가 되며, 영원토록 예수님으로부터 영적 생명을 공급받는 것입니다.

영적 연합이란?

택함받은 자들이 그리스도와 영적·유기적으로 연합되어
예수님께 속한 자가 되며, 영원토록 예수님으로부터 영적 생명을 공급받는 것

영적 연합의 근거와 시기

우리가 예수님과 영적으로 연합하게 된 것은 전적으로 하나님의 은혜입니다. 하나님께서는 창세전부터 우리를 그리스도와 연합할 자로 선택하셨습니다. "곧 창세전에 **그리스도 안에서** 우리를 택

하사"(엡 1:4). 따라서 예수님과의 영적 연합은 우리의 공로가 아닙니다. 우리가 어떤 자격을 갖추었기에 보상으로 얻은 것도 아닙니다. 전적으로 하나님의 은혜입니다.

우리가 예수님과 영적으로 연합하게 되는 시기는 중생입니다.[*] 우리는 중생을 통해 예수님과 연합합니다. 성경은 연합의 시기에 대해 다음과 같이 말합니다. "허물로 죽은 우리를 그리스도와 함께 살리셨고"(엡 2:5). 여기서 "허물로 죽은 우리를 … 살리셨고"는 중생을 의미하며, "그리스도와 함께"는 그리스도와의 연합을 의미합니다. 따라서 중생과 연합은 동시적인 사건입니다. 우리는 중생하는 순간 그리스도와 연합하고, 그리스도와 연합함으로써 중생합니다.

영적 연합의 중요성

그리스도와의 영적 연합은 구원의 서정에 있어서 한 부분에 불과한 것이 아닙니다. 그리스도와의 영적 연합은 우리가 구원을 받는 근거입니다.[**] 하나님께서 우리를 의롭다고 하시는 것(칭의)은, 우리가 그리스도와 연합되어 있기 때문입니다. 하나님께서는 우리 안에 계신 예수님의 의를 보시고, 우리를 의롭다고 하십니다. 우리가 점진적으로 거룩하게 되는 것(성화)은, 우리가 그리스도와 연합되어 있기 때문입니다. 우리는 우리 안에 계신 예수님께서 공급해 주시는 영적인 생명을 통해 점진적으로 거룩하게 됩니다. 우리가 마지막 날에 다시 살아나는 것(부활)은, 우리가 그리스도와 연합되어 있기 때

---

[*] 앤서니 후크마, 『개혁주의 구원론』(서울: 부흥과개혁사, 2012), 88.
[**] 위의 책, 81.

문입니다. 우리는 그리스도와 연합되어 있기 때문에 영원히 죽을 수가 없습니다. 이를 두고 칼뱅은 다음과 같이 말했습니다.

우리가 그리스도 바깥에 있고 그리스도로부터 분리되어 있는 한, 그리스도가 인류의 구원을 위하여 친히 당하시고 행하신 모든 것은 우리에게 아무 소용이 없고 또한 전혀 유익이 되지를 못한다는 점이다. 그리스도께서 우리의 것이 되시고 또한 우리 안에 거하셔야만 비로소 그리스도가 아버지께로부터 받으신 축복들을 우리와 함께 나누실 수 있게 되는 것이다.[*]

따라서 우리는 영적 연합이 구원 교리의 핵심이자 구원의 근거임을 간과하지 말아야 합니다.

영적 연합과 구원	
영적 연합과 예정	곧 창세전에 **그리스도 안에서** 우리를 택하사(엡 1:4)
영적 연합과 부르심	너희도 그들 중에서 **예수 그리스도**의 것으로 부르심을 받은 자니라(롬 1:6)
영적 연합과 중생	허물로 죽은 우리를 **그리스도와 함께** 살리셨고(엡 2:5)
영적 연합과 칭의	우리는 **그리스도 안에서** 그의 은혜의 풍성함을 따라 그의 피로 말미암아 속량 곧 죄 사함을 받았느니라(엡 1:7)
영적 연합과 성화	**그리스도 안에서** 우리를 택하사 우리로 사랑 안에서 그 앞에 거룩하고 흠이 없게 하시려고(엡 1:4)
영적 연합과 영화	만일 우리가 **그리스도와 함께** 죽었으면 또한 그와 함께 살 줄을 믿노니(롬 6:8)

[*]   존 칼빈, 『기독교강요 (중)』 (고양: 크리스챤다이제스트, 2003), 9.

구원의 서정

작정과 예정 ⋯▸ 속죄 ⋯▸ 부르심 ⋯▸ 중생 ⋯▸ 연합 ⋯▸ **회심(회개와 믿음)** ⋯▸
칭의 ⋯▸ **양자 됨** ⋯▸ **성화** ⋯▸ **견인** ⋯▸ **죽음** ⋯▸ **영화**

1	**작정 과 예정**	작정	하나님께서 당신의 영광을 위하여, 앞으로 일어날 모든 일을, 창세전에 미리 계획하신 것
		예정	하나님의 작정 가운데, 신자의 구원에 관한 것
2	**속죄**	죽음 (수동적 순종)	예수님께서 우리의 죄를 해결하시기 위해 우리 대신 십자가에서 죽으신 것
		순종 (능동적 순종)	예수님께서 우리를 의롭게 하시기 위해 우리 대신 율법에 순종하신 것
3	**부르심 과 중생**	부르심	그리스도께서 이루신 구원을 받도록 초대하시는 하나님의 호출
		중생	하나님께서 성령의 능력으로 우리를 영적으로 다시 태어나게 하셔서, 우리의 성향을 변화시키시는 것
4	**연합**		택함받은 자들이 그리스도와 영적 · 유기적으로 연합되어 예수님께 속한 자가 되며, 영원토록 예수님으로부터 영적 생명을 공급받는 것

처음 시작하는 구원론

Q 예수님은 우리의 머리가 되시고, 우리는 예수님의 몸이 되는 것을 무엇이라고 합니까?

Q 예수님과 신자의 연합을 '영적 연합'이라고 하는 이유는 무엇입니까?

Q 예수님과 영적으로 연합한 신자에게 일어나는 일은 무엇입니까?

①

②

③

④

Q 신자가 예수님과 영적으로 연합하게 되는 시기는 언제입니까?

06
회심

회심

우리는 앞에서 부르심과 중생과 연합에 대해서 배웠습니다. 부르심은 그리스도께서 이루신 구원을 받도록 초대하시는 하나님의 호출입니다. 중생은 우리를 영적으로 다시 태어나게 하셔서, 우리의 성향을 변화시키시는 것입니다. 연합은 예수님과 영적이고 유기적으로 연합되는 것입니다.

부르심을 받고, 중생하고, 연합한 사람은 이전과는 다른 삶을 살기 시작합니다. 하나님과 무관한 삶을 살다가, 하나님의 백성으로 살게 됩니다. 사탄의 종으로 살다가, 그리스도의 종으로 살게 됩니다. 복음을 배척하는 삶을 살다가, 복음을 전하는 삶을 살게 됩니다. 바로 이것을 '회심'이라고 합니다. **회심이란, 부르심과 중생과 연합을 통해 이전과 다른 삶을 살기 시작하는 것**입니다.

회심에는 두 가지 요소가 있습니다. 소극적 요소인 회개와 적극적 요소인 믿음입니다. 회개를 소극적 요소라고 하는 것은 회개를 통해 자신의 과거를 돌아보기 때문입니다. 믿음을 적극적 요소라고 하는 것은 믿음을 통해 영광스런 소망을 가지기 때문입니다.

회개와 믿음은 불과분의 관계에 있습니다. 예수님을 믿는 사람만 회개할 수 있고, 회개하는 사람만 믿을 수 있습니다. 예수님을 구원자로 믿기에 자신의 죄를 회개하는 것이고, 자신이 죄인임을 알기에 예수님을 구원자로 믿고 따르는 것입니다. 따라서 회개와 믿음은 우선순위를 따질 수 없습니다. 그래서 존 머리(John Murray)는, 믿음은 '회개하는 믿음'이며, 회개는 '믿음의 회개'라고 말했습니다.[*]

| 회심 | 이전과 다른 삶을 살기 시작하는 것 | 회개: 회심의 소극적 요소 | 자신의 과거를 돌아보는 것 |
| | | 믿음: 회심의 적극적 요소 | 미래의 영광을 바라보는 것 |

회심의 소극적 요소: 회개

먼저 회심의 소극적 요소인 회개에 대해 알아보겠습니다. 성경은 회개에 대해 다음과 같이 말합니다.

첫째, 회개는 **자기 죄를 바르게 아는 것**입니다. "그들이 이 말을 듣고 마음에 찔려 베드로와 다른 사도들에게 물어 이르되 형제들아 우리가 어찌할꼬 하거늘"(행 2:37). 유대인들은 예수님을 십자가에 못 박았습니다. 유대인들은 하나님의 아들을 죽였습니다. 그리고도 자신들이 죄를 지었음을 알지 못했습니다. 하지만 베드로의 설교를 통해 자신들의 죄를 지었음을 알게 되었습니다. 이처럼 회개란 자기 죄를 바르게 아는 것입니다.

---

[*]   앤서니 후크마, 앞의 책, 176에서 재인용.

둘째, 회개는 **자기 죄를 슬퍼하는 것**입니다. "내 죄악을 아뢰고 내 죄를 슬퍼함이니이다"(시 38:18). 단순히 자기 죄를 아는 것으로는 부족합니다. 자기 죄를 슬퍼하는 데까지 나아가야 합니다. 자기 죄를 미워하는 데까지 나아가야 합니다. 그래야만 죄를 반복하지 않습니다.

셋째, 회개는 **돌이키는 것**입니다. "너희는 돌이켜 회개하고 모든 죄에서 떠날지어다"(겔 18:30). 자기 죄를 알고, 자기 죄를 슬퍼할지라도, 같은 죄를 반복해서 짓는다면 참된 회개가 아닙니다. 참된 회개는 죄악된 삶에서 돌이키는 것입니다. 죄악된 습관에서 벗어나는 것입니다. 그리고 선을 행하는 것입니다.

정리하면 회개는 다음과 같습니다. 회개란, 자기 죄를 알고 슬퍼하며, 죄악된 삶에서 돌이키는 것입니다.

회개란?

자기 죄를 알고, 슬퍼하며, 죄악된 삶에서 돌이키는 것

회심의 적극적 요소: 믿음

다음으로 회심의 적극적 요소인 믿음에 대해 알아보겠습니다. 성경은 믿음에 대해 다음과 같이 말합니다.

첫째, 믿음은 **그리스도를 영접하는 것**입니다. "영접하는 자 곧 그 이름을 믿는 자들에게는 하나님의 자녀가 되는 권세를 주셨으니"(요 1:12). 성경은 그리스도를 영접하는 것이 곧 그리스도를 믿는 것이라고 말합니다. 영접은 받아들인다는 뜻입니다. 따라서 그리스도를 믿는 것은, 그리스도를 구원자로 받아들이는 것입니다.

둘째, 믿음은 **그리스도를 의지하는** 것입니다. "오직 이것을 기록함은 너희로 예수께서 하나님의 아들 그리스도이심을 믿게 하려 함이요 또 너희로 믿고 그 이름을 힘입어 생명을 얻게 하려 함이니라"(요 20:31). 우리에게 구원을 주시는 분은 그리스도 밖에 없습니다. 따라서 우리는 그리스도만을 힘입어야 합니다. 그리스도만을 바라보아야 합니다.

셋째, 믿음은 **율법주의의 반대 개념**입니다. "내가 가진 의는 율법에서 난 것이 아니요 오직 그리스도를 믿음으로 말미암은 것이니"(빌 3:9). 율법주의란, 율법을 통해 의롭게 되려는 것을 말합니다. 하지만 율법으로 의롭게 될 수 있는 사람은 아무도 없습니다. 의롭게 되는 것은 그리스도를 믿음으로써만 가능합니다. 따라서 믿음이란 율법주의의 반대 개념입니다.

정리하면 믿음은 다음과 같습니다. 믿음이란 구원을 얻기 위하여 그리스도를 영접하고, 율법이 아닌 그리스도만 의지하는 것입니다.

믿음이란?

구원 얻기 위하여 그리스도를 영접하고, 율법이 아니라 그리스도만 의지하는 것

회심의 근거

회심의 두 요소는 회개와 믿음입니다. 겉으로 볼 때 회개와 믿음은 사람의 일처럼 보입니다. 사람이 회개하고, 사람이 믿는 것처럼 보입니다. 물론 사실입니다. 회개와 믿음은 사람의 일입니다. 사람이 회개해야 하고, 사람이 믿어야 합니다. 하지만 회개와 믿음조차

도 성령님의 사역입니다. 회개와 믿음조차도 하나님의 은혜입니다.

하나님께서 이방인에게도 생명 얻는 **회개를 주셨도다** 하니라 _ 행 11:18

너희는 그 은혜에 의하여 **믿음**으로 말미암아 구원을 받았으니 이것은 너희에게서 난 것이 아니요 **하나님의 선물**이라 _ 엡 2:8

구원의 서정

작정과 예정 ⋯▶ 속죄 ⋯▶ 부르심 ⋯▶ 중생 ⋯▶ 연합 ⋯▶ 회심(회개와 믿음) ⋯▶
칭의 ⋯▶ 양자 됨 ⋯▶ 성화 ⋯▶ 견인 ⋯▶ 죽음 ⋯▶ 영화

1	작정 과 예정	작정	하나님께서 당신의 영광을 위하여, 앞으로 일어날 모든 일을, 창세전에 미리 계획하신 것
		예정	하나님의 작정 가운데, 신자의 구원에 관한 것
2	속죄	죽음 (수동적 순종)	예수님께서 우리의 죄를 해결하시기 위해 우리 대신 십자가에서 죽으신 것
		순종 (능동적 순종)	예수님께서 우리를 의롭게 하시기 위해 우리 대신 율법에 순종하신 것
3	부르심 과 중생	부르심	그리스도께서 이루신 구원을 받도록 초대하시는 하나님의 호출
		중생	하나님께서 성령의 능력으로 우리를 영적으로 다시 태어나게 하셔서, 우리의 성향을 변화시키시는 것
4	연합		택함받은 자들이 그리스도와 영적 · 유기적으로 연합되어 예수님께 속한 자가 되며, 영원토록 예수님으로부터 영적 생명을 공급받는 것
5	회심	회개	자기 죄를 알고 슬퍼하며, 죄악된 삶에서 돌이키는 것
		믿음	구원 얻기 위하여 그리스도를 영접하고, 율법이 아니라 그리스도만 의지하는 것

처음 시작하는 구원론

나눔을 위한 질문

Q 회심이란 무엇입니까?

Q 회심의 소극적 요소는 무엇입니까?

Q 회심의 적극적 요소는 무엇입니까?

Q 회개의 세 가지 요소는 무엇입니까?
　　①
　　②
　　③

Q 믿음의 세 가지 요소는 무엇입니까?
　　①
　　②
　　③

07
칭의

칭의

지금까지 살펴본 구원의 서정은 다음과 같습니다. (시간적인 순서가 아니라 의미상의 구별입니다.) 먼저 부르심과 중생입니다. 부르심은 그리스도께서 이루신 구원을 받도록 초대하시는 하나님의 호출이며, 중생은 우리를 영적으로 다시 태어나게 하셔서, 우리의 성향을 변화시키시는 것입니다. 그 다음은 연합입니다. 중생한 신자는 예수님과 영적이고 유기적으로 연합합니다. 그 다음은 회심입니다. 회심의 요소는 두 가지입니다. 회개와 믿음입니다. 회개는 죄에서 돌아서는 것이고, 믿음은 그리스도를 바라보는 것입니다.

구원을 이루는 과정에 있어서 그 다음은 칭의입니다. 칭의는 하나님께서 예수님을 믿는 자들을 의롭다고 하시는 것입니다. 역사적으로 참된 교회는 칭의 교리를 중요하게 생각했습니다. 루터는 칭의교리가 교회의 성패를 결정하는 시금석이라고 했고, 개신교회는 칭의 교리를 수호하기 위해 로마 가톨릭교회와 싸웠습니다. 칭의에 대한 성경의 가르침은 다음과 같습니다.

첫째, 칭의는 **하나님의 법적인 선언**입니다. "일을 아니할지라도 경건하지 아니한 자를 의롭다 하시는 이를 믿는 자에게는 그의 믿음을 의로 여기시나니"(롬 4:5). 우리가 의롭다 함을 받은 것은 우리가 실제로 의롭기 때문이 아닙니다. 우리는 실제로는 경건하지 않은 사람입니다. 그런데도 하나님은 우리를 의롭다고 하셨습니다. 우리는 실제로 의롭기 때문에 칭의된 것이 아니라, 실제로는 의롭지 않음에도 불구하고 칭의되었습니다. 칭의는 죄인을 실제로 의롭게 만드는 것이 아니라, 법률상 의롭다고 선언하는 것입니다.

둘째, 칭의는 **완전한 무죄 선언**입니다. "누가 능히 하나님께서 택하신 자들을 고발하리요 의롭다 하신 이는 하나님이시니 누가 정죄하리요"(롬 8:33-34). 아무도 우리를 정죄할 수 없습니다. 하나님께서 과거의 죄만 용서하신 것이 아니라, 현재와 미래의 죄까지 모두 용서하셨기 때문입니다. 칭의는 부분적인 죄 사함이 아니라 완전한 죄 사함입니다.

셋째, 칭의의 근거는 **우리에게 전가된 예수님의 의**입니다. "내가 가진 의는 율법에서 난 것이 아니요 오직 그리스도를 믿음으로 말미암은 것이니 곧 믿음으로 하나님께로부터 난 의라"(빌 3:9). 하나님께서 우리를 의롭다고 하시는 이유는, 우리에게 그리스도의 의가 전가되어 있기 때문입니다. 모든 인류에게 아담의 죄가 전가되어 있는 것처럼, 예수님을 믿는 자들에게는 예수님의 의가 전가되어 있습니다. 하나님께서는 그리스도의 의를 신자들의 의로 간주하십니다.

넷째, 칭의는 **전적으로 하나님의 은혜**입니다. "그리스도 예수 안에 있는 속량으로 말미암아 하나님의 은혜로 값 없이 의롭다 하심을 얻은 자 되었느니라"(롬 3:23). 은혜란, 자격 없는 자에게 주어지는 호의입니다. 하나님께서 우리를 의롭다고 하시는 것은, 우리에게 그럴 만한 자격이 있기 때문이 아닙니다. 우리에게는 의롭다 함을 받을 자격이 없습니다. 우리가 의롭다 함을 받는 근거는 오직 하나, 하나님의 은혜입니다.

다섯째, 칭의는 **믿음을 통해서** 얻습니다. "곧 예수 그리스도를 믿음으로 말미암아 모든 믿는 자에게 미치는 하나님의 의니"(롬 3:22). 칭의는 믿음을 통해서 우리의 소유가 됩니다. 칭의는 믿는 자에게 주시는 하나님의 선물입니다. 칭의는 율법을 준수함으로 얻지 않고, 믿음으로 얻습니다(갈 2:16). 우리가 예수님을 믿을 때, 우리의 죄는 예수님께 전가되고, 예수님의 의는 우리에게 전가됩니다(고후 5:21).

정리하면 칭의는 다음과 같습니다. 칭의란, 하나님께서 믿음을 통해 우리에게 전가된 그리스도의 의를 보시고, 우리의 모든 죄를 용서하시며, 우리를 의롭다고 선언하시는 은혜의 행위입니다.

칭의란?

하나님께서 믿음을 통해 우리에게 전가된 그리스도의 의를 보시고,
우리의 모든 죄를 용서하시며, 우리를 의롭다고 선언하시는 은혜의 행위

구원의 서정

작정과 예정 ⋯→ 속죄 ⋯→ 부르심 ⋯→ 중생 ⋯→ 연합 ⋯→ 회심(회개와 믿음) ⋯→
칭의 ⋯→ **양자 됨** ⋯→ **성화** ⋯→ **견인** ⋯→ **죽음** ⋯→ **영화**

1	작정과 예정	작정	하나님께서 당신의 영광을 위하여, 앞으로 일어날 모든 일을, 창세전에 미리 계획하신 것
		예정	하나님의 작정 가운데, 신자의 구원에 관한 것
2	속죄	죽음 (수동적 순종)	예수님께서 우리의 죄를 해결하시기 위해 우리 대신 십자가에서 죽으신 것
		순종 (능동적 순종)	예수님께서 우리를 의롭게 하시기 위해 우리 대신 율법에 순종하신 것
3	부르심과 중생	부르심	그리스도께서 이루신 구원을 받도록 초대하시는 하나님의 호출
		중생	하나님께서 성령의 능력으로 우리를 영적으로 다시 태어나게 하셔서, 우리의 성향을 변화시키시는 것
4	연합		택함받은 자들이 그리스도와 영적·유기적으로 연합되어 예수님께 속한 자가 되며, 영원토록 예수님으로부터 영적 생명을 공급받는 것
5	회심	회개	자기 죄를 알고 슬퍼하며, 죄악된 삶에서 돌이키는 것
		믿음	구원 얻기 위하여 그리스도를 영접하고, 율법이 아니라 그리스도만 의지하는 것
6	칭의		하나님께서 믿음을 통해 우리에게 전가된 그리스도의 의를 보시고, 우리의 모든 죄를 용서하시며, 우리를 의롭다고 선언하시는 은혜의 행위

나눔을 위한 질문

Q 칭의란 무엇입니까?

Q 성경은 칭의를 어떻게 정의합니까?

①

②

③

④

⑤

08
양자 됨

양자 됨

중생은 하나님께서 우리에게 새로운 영적 생명을 주시는 것입니다. 칭의는 하나님께서 우리에게 새로운 법적 자격을 주시는 것입니다. 반면에 양자 됨은 하나님께서 우리에게 새로운 관계를 주시는 것입니다. 하나님께서는 양자 됨을 통해 우리를 하나님의 가족이 되게 하십니다.[*]

양자 됨은 매우 특별한 은혜입니다. 양자 됨은 구원에 더해진 은혜입니다. 하나님께서는 우리를 자녀로 입양하지 않고도 우리를 구원하실 수 있었습니다. 하나님께서는 우리를 자녀로 입양하지 않고도 우리를 의롭다 하실 수 있었습니다. 그런데 하나님께서는 우리에게 하나님의 가족이 되는 특권을 더해 주셨습니다.[**] 이런 특권은 천사들도 누리지 못하는 것입니다. 양자 됨은 신자가 누릴 수 있는 최고의 특권입니다.

---

[*]   웨인 그루뎀, 앞의 책, 377.
[**]   위의 책, 382.

양자 됨은 우리가 누리는 수많은 복의 근거가 됩니다. 우리가 하나님께 기도할 수 있는 것은 양자 됨 때문입니다(마 6:9). 하나님께서 우리에게 좋은 것들을 주시는 이유도 양자 됨 때문입니다(마 7:11). 하나님께서 우리를 성령으로 인도하시는 것 역시 양자 됨 때문입니다(롬 8:14).

성경은 양자 됨에 대해 다음과 같이 말합니다.

첫째, 양자 됨의 **근거는 예수님**입니다. "예수 그리스도로 말미암아 자기의 아들들이 되게 하셨으니"(엡 1:5). 우리에게는 하나님의 자녀가 될 만한 자격이 없습니다. 우리가 하나님의 자녀로 입양된 것은 예수님 때문입니다. 하나님께서는 예수님을 보시고, 우리를 하나님의 자녀로 입양해 주셨습니다. 따라서 양자 됨은 전적인 하나님의 은혜입니다(요일 3:1).

둘째, 하나님께서는 **우리에게 아들의 영을 보내 주셨습니다.** "하나님이 그 아들의 영을 우리 마음 가운데 보내사 아빠 아버지라 부르게 하셨느니라"(갈 4:6). 우리가 하나님을 아버지로 부를 수 있는 근거는, 하나님께서 우리에게 아들의 영, 즉 성령님을 보내주셨기 때문입니다. 성령님은 우리에게 하나님이 우리의 아버지라는 믿음과 확신을 주십니다.

셋째, 하나님께서는 **우리를 자녀처럼 돌보십니다.** "그러므로 염려하여 이르기를 무엇을 먹을까 무엇을 마실까 무엇을 입을까 하지 말라 이는 다 이방인들이 구하는 것이라 너희 하늘 아버지께서 이 모든 것이 너희에게 있어야 할 줄을 아시느니라"(마 6:31-32). 우리는 먹을 것과 마실 것과 입을 것을 위해서 걱정할 필요가 없습니다. 하늘 아버지께서 우리를 친자녀처럼 돌보시기 때문입니다.

넷째, 하나님께서는 우리에게 **천국을 상속해 주십니다.** "자기를 사랑하는 자들에게 약속하신 나라를 상속으로 받게 하지 아니하셨느냐"(약 2:5). 우리는 하나님의 자녀입니다. 자녀에게는 부모의 소유를 물려받을 권한이 있습니다. 하나님은 천국의 주인입니다. 우리는 하나님의 자녀로서, 천국을 상속받습니다. 정리하면 양자 됨은 다음과 같습니다. 양자 됨이란 하나님께서 그리스도 때문에 우리를 자녀로 입양하시고, 우리에게 아들의 영을 보내시며, 친자녀처럼 돌보시고, 천국을 상속해 주시는 것입니다.

양자 됨이란?

하나님께서 그리스도 때문에 우리를 자녀로 입양하시고, 우리에게
아들의 영을 보내시며, 친자녀처럼 돌보시고, 천국을 상속해 주시는 것

양자 됨에 부과된 의무

우리는 양자 됨을 통해 하나님의 가족이 됩니다. 따라서 양자 됨은 그 무엇과도 비교할 수 없는 특권입니다. 이보다 더한 특권은 어디에도 없습니다. 양자 됨에는 특권만 있는 것은 아닙니다. 엄중한 책임도 뒤따릅니다. 양자 됨의 책임은 크게 두 가지입니다.

양자 됨의 책임은 **첫째, 하나님을 닮기 위해 노력하는 것입니다.** 거룩한 사람이 되기 위해 노력하는 것입니다. "그러므로 사랑을 받는 자녀 같이 너희는 하나님을 본받는 자가 되고"(엡 5:1), "오직 너희를 부르신 거룩한 이처럼 너희도 모든 행실에 거룩한 자가 되라"(벧전 1:15).

만약 우리가 하나님을 닮기 위해 노력하지 않는다면 어떻게 될까

요? 우리는 하나님께 영광이 되기는커녕, 하나님을 욕되게 할 것입니다. "너희는 세상의 소금이니 소금이 만일 그 맛을 잃으면 무엇으로 짜게 하리요 후에는 아무 쓸 데 없어 다만 밖에 버려져 사람에게 밟힐 뿐이니라"(마 5:13).

양자 됨의 책임은 **둘째, 고난을 피하지 않는 것**입니다. "자녀이면 또한 상속자 곧 하나님의 상속자요 그리스도와 함께 한 상속자니 우리가 그와 함께 영광을 받기 위하여 고난도 함께 받아야 할 것이니라"(롬 8:17). 타락한 세상에서 하나님의 뜻대로 사는 자는 반드시 어려움에 직면하게 됩니다. 어려움을 피하는 가장 쉬운 방법은, 아버지의 법을 버리는 것입니다. 하지만 그것은 자녀의 모습이 아닙니다. 우리는 하나님의 자녀로서, 고난을 감수하고, 하나님의 뜻을 실천해야 합니다.

구원의 서정

작정과 예정 ⋯ 속죄 ⋯ 부르심 ⋯ 중생 ⋯ 연합 ⋯ 회심(회개와 믿음) ⋯
칭의 ⋯ 양자 됨 ⋯ **성화** ⋯ **견인** ⋯ **죽음** ⋯ 영화

1	작정 과 예정	작정	하나님께서 당신의 영광을 위하여, 앞으로 일어날 모든 일을, 창세전에 미리 계획하신 것
		예정	하나님의 작정 가운데, 신자의 구원에 관한 것
2	속죄	죽음 (수동적 순종)	예수님께서 우리의 죄를 해결하시기 위해 우리 대신 십자가에서 죽으신 것
		순종 (능동적 순종)	예수님께서 우리를 의롭게 하시기 위해 우리 대신 율법에 순종하신 것
3	부르심 과 중생	부르심	그리스도께서 이루신 구원을 받도록 초대하시는 하나님의 호출
		중생	하나님께서 성령의 능력으로 우리를 영적으로 다시 태어나게 하셔서, 우리의 성향을 변화시키시는 것
4	연합		택함받은 자들이 그리스도와 영적·유기적으로 연합되어 예수님께 속한 자가 되며, 영원토록 예수님으로부터 영적 생명을 공급받는 것
5	회심	회개	자기 죄를 알고 슬퍼하며, 죄악된 삶에서 돌이키는 것
		믿음	구원 얻기 위하여 그리스도를 영접하고, 율법이 아니라 그리스도만 의지하는 것
6	칭의		하나님께서 믿음을 통해 우리에게 전가된 그리스도의 의를 보시고, 우리의 모든 죄를 용서하시며, 우리를 의롭다고 선언하시는 은혜의 행위
7	양자 됨		하나님께서 그리스도 때문에 우리를 자녀로 입양하시고, 우리에게 아들의 영을 보내시며, 친자녀처럼 돌보시고, 천국을 상속해 주시는 것

나눔을 위한 질문

Q 양자 됨을 매우 특별한 은혜라고 말하는 이유는 무엇입니까?

Q 성경은 양자 됨에 대해 어떻게 말합니까?

　①

　②

　③

　④

　⑤

Q 양자 됨의 특권은 무엇입니까?

　①

　②

　③

09
성화

성화

앞에서 살펴본 것들은 대부분 한순간에 완성되는 일이었습니다. 하나님께서 우리를 호출하시는 부르심, 하나님께서 우리에게 새로운 영적 생명을 주시는 중생, 하나님께서 우리에게 새로운 법적 신분을 주시는 칭의, 하나님께서 우리와 새로운 관계를 맺으시는 양자 됨. 이것들은 모두 한순간에 시작되고, 한순간에 완성되는 일이었습니다.

성화는 다릅니다. 성화는 그리스도를 닮아 가는 은혜입니다. 이것은 일평생 지속되며, 이 땅에서는 결코 완성되지 않습니다. 부르심, 중생, 칭의, 양자 됨은 전적으로 하나님께서 하시는 일이지만, 성화에는 사람의 순종이 포함됩니다. 성화와 주로 비교되는 것은 칭의입니다. 성화와 칭의는 다음과 같이 구별됩니다.

	칭의	성화
변화	법적 신분의 변화	실제적인 상태의 변화
시간	한순간에 일어나는 일	지속적으로 발생하는 일
주체	전적으로 하나님의 일	하나님의 주권과 사람의 순종
상태	처음부터 완전함	완전을 향해 자라감
차이	모든 신자에게 동일함	사람마다 차이가 있음

성경은 성화에 대해 다음과 같이 말합니다.

첫째, 성화는 **중생할 때 시작**됩니다. "중생의 씻음과 성령의 새롭게 하심으로 하셨나니"(딛 3:5). "중생의 씻음"은 말 그대로 중생을, "성령의 새롭게 하심"은 성화를 말합니다. 중생과 성화는 동시에 발생합니다. 중생할 때 성화가 시작됩니다. 중생은 하나님께서 새로운 영적 생명을 주시는 것입니다. 그리하여 이전과는 다른 사람이 되는 것입니다. 중생한 신자는 죄를 대하는 태도가 달라집니다. 중생한 신자는 고의적이고 반복적으로 죄를 짓지 않습니다. 비록 여전히 죄를 지을지라도, 죄를 부끄러워하고, 죄와 싸웁니다. 하나님께서 중생을 통해 죄와 싸울 수 있는 능력을 주셨기 때문입니다. 따라서 중생한 신자는 더 이상 죄의 종이 아닙니다.

둘째, 성화는 **일생을 통해 자라**갑니다. 신자는 중생을 통해 죄의 노예 상태에서 해방되었습니다. "죄로부터 해방되어 의에게 종이 되었느니라"(롬 6:18). 하지만 죄는 여전히 우리를 지배하려 합니다(롬 6:12). 그래서 우리는 사는 동안 끊임없이 죄와 싸워야 합니다. 끊임없이 성화를 추구해야 합니다.

성화는 일생을 통해 자라나지만, 항상 한 방향으로만 나아가는 것은 아닙니다. 신자는 죄의 유혹 앞에서 때로는 넘어지고, 때로는 굴복하고, 때로는 좌절합니다. 하지만 성화는 사람의 일일 뿐만 아니라 하나님의 일이기에, 결코 완전히 실패하는 경우는 없습니다. 신자는 넘어지지만 다시 일어서고, 굴복하지만 다시 저항하며, 좌절하지만 다시 도전합니다. 그리하여 점점 예수님을 닮아 갑니다.

셋째, 성화는 **죽음과 부활을 통해 완성**됩니다. 성화는 이 땅에서는 결코 완성되지 않습니다. 거듭난 이후에도 마음속에 죄가 남아 있기 때문입니다. 신자의 성화는 두 단계를 통해 완성됩니다. 첫 번째 단계는 죽음입니다. 죽음을 통해서는 영혼의 성화가 완성됩니다. "만민의 심판자이신 하나님과 및 온전하게 된 의인의 영들과"(히 12:23). 먼저 죽은 신자들은 온전한 상태로 하나님 곁에 있습니다. 우리가 죽는 순간, 우리의 영혼은 완전히 거룩하게 됩니다. 두 번째 단계는 부활입니다. 부활을 통해서는 몸의 성화가 완성됩니다. "우리의 낮은 몸을 자기 영광의 몸의 형체와 같이 변하게 하시리라"(빌 3:21). 땅에서 잠자고 있던 우리의 몸은, 예수님이 재림하시는 날 부활할 것입니다. 그때 우리의 몸은 완전히 거룩하게 변할 것입니다.

넷째, 성화는 **주로 성령님의 사역**입니다. "성령의 거룩하게 하심과"(살후 2:13). 삼위 하나님은 우리의 성화를 위해 함께 일하십니다. 하지만 우리 안에서 우리를 실제로 거룩하게 하시는 분은 성령님이십니다. 이 점은 성령의 열매를 통해서도 확인할 수 있습니다. "오직 성령의 열매는 사랑과 희락과 화평과 오래 참음과 자비와 양선과 충성과 온유와 절제니"(갈 5:22-23). 성령의 열매는 곧 성화의 열매입니다.

다섯째, 성화는 우리의 전인격이 하나님의 형상을 회복하는 것입니다. 성령님은 우리의 지식을 거룩하게 하십니다. "지식에까지 새롭게 하심을 입은 자니라"(골 3:10). 성령님은 우리의 감정을 거룩하게 하십니다. "오직 성령의 열매는 사랑과 희락과 화평과 오래 참음과 자비와 양선과 충성과 온유와 절제니"(갈 5:22-23). 성령님은 우리의 의지를 거룩하게 하십니다. "자기의 기쁘신 뜻을 위하여 너희에게 소원을 두고 행하게 하시나니"(빌 2:13). 성령님은 우리의 몸을 거룩하게 하십니다. "너희의 온 영과 혼과 몸이 우리 주 예수 그리스도께서 강림하실 때에 흠 없게 보전되기를 원하노라"(살전 5:23). 성화는 어느 한 부분이 아니라, 우리의 전인격이 거룩하게 변화되는 것입니다.

여섯째, 성화는 죄에 대해서는 점점 더 죽고, 의에 대해서는 점점 더 사는 것입니다. 거룩함으로 나아가기 위해서는 두 가지를 행해야 합니다. 하나는 죄와 싸우는 것입니다. "죄의 몸이 죽어 다시는 우리가 죄에게 종 노릇 하지 아니하려 함이니"(롬 6:6). 다른 하나는 선을 행하는 것입니다. "우리로 또한 새 생명 가운데서 행하게 하려 함이라"(롬 6:4).

정리하면 성화는 다음과 같습니다. 성화란, 우리의 전인격을 하나님의 형상으로 변화시키시고, 죄에는 죽고 의에는 살도록 하시는, 성령 하나님의 계속적이고 은혜로우신 사역입니다.

성화란?

우리의 전인격을 하나님의 형상으로 변화시키시고,
죄에는 죽고 의에는 살도록 하시는, 성령 하나님의 계속적이고 은혜로우신 사역

성화의 주체

칭의의 주체는 하나님입니다. 우리가 칭의를 위해 할 수 있는 것
은 아무것도 없습니다. 성화 역시 주체는 하나님입니다. 더 구체적
으로는 성령의 역사입니다(고전 6:11). 그럼에도 하나님께서는 우리
에게 성화를 위해 노력할 것을 요구하시기에, 우리는 거룩함을 위해
노력해야 합니다. 우리의 영과 혼과 몸을 거룩하고 흠이 없도록 보
존해야 하며(살전 5:23), 끊임없이 육체의 정욕과 싸워야 하고(갈 5:17),
우리의 몸을 하나님이 기뻐하시는 거룩한 산 제물로 드려야 하며(롬
12:1), 육과 영의 온갖 더러운 것에서 자신을 깨끗하게 해야 합니다
(고후 7:1).*

성화를 위해 노력하는 것은 지극히 영광스러운 일입니다. 그것은
우리가 죄에 대하여 죽고 새 생명으로 살아났다는 증거이며(롬 6:13),
이전에는 어둠의 자녀였으나 이제는 빛의 자녀라는 증거이고(엡
5:8), 우리의 몸이 성령의 전이라는 증거이기 때문입니다(고전 6:19).
또한 성화를 위해 노력하는 자들에게 하나님의 특별한 상급이 약속
되어 있고(고전 3:12-15; 마 10:41), 우리가 이 땅에서 뿌린 것을 영원 속
에서 수확할 것이기 때문입니다(갈 6:7).**

성화의 방법

성화의 지름길은 없습니다. 성화의 특효약도 없습니다. 도시에서
산다고 성화가 더디 이뤄지거나, 산으로 들어간다고 성화가 신속하
게 이뤄지지도 않습니다. 성화를 이루기 위해서는 자신의 평범한 삶

---

* 헤르만 바빙크, 『개혁파 교의학』(서울: 새물결플러스, 2011), 966.
** 위의 책, 967.

을 거룩하게 살아야 합니다.

첫째, 정기적으로 밥을 먹듯이, 정기적으로 성경을 읽어야 합니다. "예수께서 대답하여 이르시되 기록되었으되 사람이 떡으로만 살 것이 아니요 하나님의 입으로부터 나오는 모든 말씀으로 살 것이라 하였느니라"(마 4:4). 둘째, 시간을 정해서 꾸준히 기도해야 합니다. "아무 것도 염려하지 말고 다만 모든 일에 기도와 간구로, 너희 구할 것을 감사함으로 하나님께 아뢰라"(빌 4:6). 셋째, 예배에 힘써야 합니다. "시와 찬송과 신령한 노래들로 서로 화답하며 너희의 마음으로 주께 노래하며 찬송하며"(엡 5:19). 넷째, 성도의 교제에 힘써야 합니다. "서로 돌아보아 사랑과 선행을 격려하며"(히 10:24).

구원의 서정

작정과 예정 ⋯▶ 속죄 ⋯▶ 부르심 ⋯▶ 중생 ⋯▶ 연합 ⋯▶ 회심(회개와 믿음) ⋯▶
칭의 ⋯▶ 양자 됨 ⋯▶ 성화 ⋯▶ **견인** ⋯▶ **죽음** ⋯▶ **영화**

1	작정 과 예정	작정	하나님께서 당신의 영광을 위하여, 앞으로 일어날 모든 일을, 창세전에 미리 계획하신 것
		예정	하나님의 작정 가운데, 신자의 구원에 관한 것
2	속죄	죽음 (수동적 순종)	예수님께서 우리의 죄를 해결하시기 위해 우리 대신 십자가에서 죽으신 것
		순종 (능동적 순종)	예수님께서 우리를 의롭게 하시기 위해 우리 대신 율법에 순종하신 것
3	부르심 과 중생	부르심	그리스도께서 이루신 구원을 받도록 초대하시는 하나님의 호출
		중생	하나님께서 성령의 능력으로 우리를 영적으로 다시 태어나게 하셔서, 우리의 성향을 변화시키시는 것
4	연합		택함받은 자들이 그리스도와 영적 · 유기적으로 연합되어 예수님께 속한 자가 되며, 영원토록 예수님으로부터 영적 생명을 공급받는 것
5	회심	회개	자기 죄를 알고 슬퍼하며, 죄악된 삶에서 돌이키는 것
		믿음	구원 얻기 위하여 그리스도를 영접하고, 율법이 아니라 그리스도만 의지하는 것
6	칭의		하나님께서 믿음을 통해 우리에게 전가된 그리스도의 의를 보시고, 우리의 모든 죄를 용서하시며, 우리를 의롭다고 선언하시는 은혜의 행위
7	양자 됨		하나님께서 그리스도 때문에 우리를 자녀로 입양하시고, 우리에게 아들의 영을 보내시며, 친자녀처럼 돌보시고, 천국을 상속해 주시는 것
8	성화		우리의 전인격을 하나님의 형상으로 변화시키시고, 죄에는 죽고 의에는 살도록 하시는, 성령 하나님의 계속적이고 은혜로우신 사역

나눔을 위한 질문

Q 칭의와 성화는 어떤 점에서 다릅니까?

　① 변화에 있어서:

　② 시간에 있어서:

　③ 주체에 있어서:

　④ 상태에 있어서:

　⑤ 차이에 있어서:

Q 성화는 언제부터 시작됩니까?

Q 성화는 언제 완성됩니까?

Q 성화의 방법은 무엇입니까?

　①

　②

　③

　④

10
견인

견인

성부 하나님께서는 우리의 구원을 계획하셨습니다. 성자 하나님께서는 우리의 구원을 이루셨습니다. 성령 하나님께서는 우리에게 구원을 적용하셨습니다. 삼위 하나님께서 우리를 위해 일하신 결과, 우리는 죄와 사망에서 구원을 받았습니다.

문제는 구원을 받은 이후입니다. 우리는 계속해서 구원을 받은 상태로 남아 있을까요? 우리는 먼 미래에도 그리스도인일까요? 역사적으로 교회는 이 문제를 두고 치열하게 논쟁해 왔습니다. 개혁주의 계열의 교회는 구원을 잃어버리는 것이 불가능하다고 주장했고, 알미니안 계열의 교회는 구원을 잃어버리는 것이 가능하다고 주장했습니다.

성경의 대답은 명확합니다. 참된 신자가 구원을 잃어버리는 것은 불가능합니다. 거듭난 사람은 끝까지 믿음을 지킬 것입니다. 바로 이것을 견인이라고 합니다. 견인이란 '견고한 인내'의 줄임말입니다. 참된 신자는 어떤 어려움 속에서도 견고하게 인내하여 믿음을 잃어버리지 않는다는 뜻입니다.

성경은 견인에 대해 다음과 같이 말합니다.

첫째, 참된 신자는 **전적으로 타락할 수 없습니다.** "내가 그들에게 영생을 주노니 영원히 멸망하지 아니할 것이요 또 그들을 내 손에서 빼앗을 자가 없느니라"(요 10:28). 참된 신자라도 일시적으로 타락할 수 있습니다. 잠깐 신앙의 위기를 겪을 수도 있습니다. 하지만 영원히 멸망하지는 않습니다. 따라서 우리가 구원을 잃어버리는 것은 불가능합니다.

둘째, 참된 신자는 **하나님의 능력으로 보호를 받습니다.** "너희는 말세에 나타내기로 예비하신 구원을 얻기 위하여 믿음으로 말미암아 하나님의 능력으로 보호하심을 받았느니라"(벧전 1:5). 하나님께서는 우리에게 구원을 주시기 위하여, 하나님의 능력으로 우리를 보호하고 계십니다. 따라서 우리가 구원을 잃어버리는 것은 불가능합니다.

셋째, 참된 신자는 **영원토록 하나님께 사랑을 받습니다.** "내가 영원한 사랑으로 너를 사랑하기에 인자함으로 너를 이끌었다 하였노라"(렘 31:3). 하나님께서는 영원한 사랑으로 우리를 사랑하십니다. 하나님의 사랑은 변하지 않습니다. 따라서 우리가 구원을 잃어버리는 것은 불가능합니다.

넷째, 참된 신자는 **창세전에 구원으로 예정되었습니다.** "주께서 자기 백성을 아신다 하며"(딤후 2:19). 하나님께서는 누가 자기 백성인지 아십니다. 누가 구원받을 자인지를 아십니다. 하나님께서 직접 구원받을 자를 예정하셨기 때문입니다. 참된 신자들은 하나님의 예정 안에 있습니다. 따라서 우리가 구원을 잃어버리는 것은 불가능합니다.

다섯째, 참된 신자는 **그리스도와 연합되어 있습니다.** "주와 합하

처음 시작하는 구원론

는 자는 한 영이니라"(고전 6:17). 참된 신자는 그리스도와 영적으로 연합되어 있습니다. 성령의 능력으로 강하게 결합되어 있습니다. 아무도 이 연합을 깨뜨릴 수 없습니다(롬 8:39). 따라서 우리가 구원을 잃어버리는 것은 불가능합니다.

여섯째. 참된 신자는 **그리스도의 중보의 혜택을 받습니다.** "그러므로 자기를 힘입어 하나님께 나아가는 자들을 온전히 구원하실 수 있으니 이는 그가 항상 살아 계셔서 그들을 위하여 간구하심이라"(히 7:25). 예수님께서는 하늘에 계십니다. 하늘에서 참된 신자들을 위해 기도하고 계십니다. 예수님의 기도는 반드시 이루어질 것입니다. 따라서 우리가 구원을 잃어버리는 것은 불가능합니다.

일곱째. 참된 신자 안에는 **성령님이 거하십니다.** "너희는 너희가 하나님의 성전인 것과 하나님의 성령이 너희 안에 계시는 것을 알지 못하느냐"(고전 3:16). 성령님께서 참된 신자 안에 거하십니다. 성령님께서 신자의 구원을 위해 일하고 계십니다. 성령님이 하시는 일은 실패할 수 없습니다. 따라서 우리가 구원을 잃어버리는 것은 불가능합니다.

정리하면 견인이란, 참된 신자들은 전적으로 타락할 수 없다는 것인데, 이는 하나님의 능력, 하나님의 사랑, 하나님의 예정, 그리스도와의 연합, 그리스도의 중보, 그리고 신자 안에 거하시는 성령 하나님 때문입니다.

견인이란?

택함받은 자들이 구원을 잃어버리지 않도록 도우시는 성령의 사역

끝까지 견디지 않은 자들

참된 신자는 결코 구원을 잃어버리지 않습니다. 하지만 실제로는 교회를 떠나고, 예수님에 대한 믿음을 저버리는 사람들이 적지 않습니다. 이것을 어떻게 이해해야 할까요? 이에 대해 사도 요한은 다음과 같이 말했습니다. "그들이 우리에게서 나갔으나 우리에게 속하지 아니하였나니 만일 우리에게 속하였더라면 우리와 함께 거하였으려니와 그들이 나간 것은 **다 우리에게 속하지 아니함을 나타내려 함이니라**"(요일 2:19).

교회를 떠난 자들은 처음부터 참된 신자가 아니었습니다. 교회를 떠나는 자들이 있다는 것은, 구원을 잃어버릴 수 있음을 보여 주는 것이 아닙니다. 교회 안에 거짓 신자가 있을 수 있음을 보여 주는 것입니다. 예수님에 대한 믿음을 저버리는 자들은 결코 한 번도 거듭난 사람이었던 적이 없습니다. 따라서 참된 신앙을 가지고 있는 신자들은 계속해서 구원받은 상태로 남아 있을 것이며, 먼 미래에도 계속해서 그리스도인일 것입니다.

구원의 서정

작정과 예정 ⋯▸ 속죄 ⋯▸ 부르심 ⋯▸ 중생 ⋯▸ 연합 ⋯▸ 회심(회개와 믿음) ⋯▸
칭의 ⋯▸ 양자 됨 ⋯▸ 성화 ⋯▸ 견인 ⋯▸ **죽음** ⋯▸ **영화**

1	작정 과 예정	작정	하나님께서 당신의 영광을 위하여, 앞으로 일어날 모든 일을, 창세전에 미리 계획하신 것
		예정	하나님의 작정 가운데, 신자의 구원에 관한 것
2	속죄	죽음 (수동적 순종)	예수님께서 우리의 죄를 해결하시기 위해 우리 대신 십자가에서 죽으신 것
		순종 (능동적 순종)	예수님께서 우리를 의롭게 하시기 위해 우리 대신 율법에 순종하신 것
3	부르심 과 중생	부르심	그리스도께서 이루신 구원을 받도록 초대하시는 하나님의 호출
		중생	하나님께서 성령의 능력으로 우리를 영적으로 다시 태어나게 하셔서, 우리의 성향을 변화시키시는 것
4	연합		택함받은 자들이 그리스도와 영적·유기적으로 연합되어 예수님께 속한 자가 되며, 영원토록 예수님으로부터 영적 생명을 공급받는 것
5	회심	회개	자기 죄를 알고 슬퍼하며, 죄악된 삶에서 돌이키는 것
		믿음	구원 얻기 위하여 그리스도를 영접하고, 율법이 아니라 그리스도만 의지하는 것
6	칭의		하나님께서 믿음을 통해 우리에게 전가된 그리스도의 의를 보시고, 우리의 모든 죄를 용서하시며, 우리를 의롭다고 선언하시는 은혜의 행위
7	양자 됨		하나님께서 그리스도 때문에 우리를 자녀로 입양하시고, 우리에게 아들의 영을 보내시며, 친자녀처럼 돌보시고, 천국을 상속해 주시는 것
8	성화		우리의 전인격을 하나님의 형상으로 변화시키시고, 죄에는 죽고 의에는 살도록 하시는, 성령 하나님의 계속적이고 은혜로우신 사역
9	견인		택함받은 자들이 구원을 잃어버리지 않도록 도우시는 성령의 사역

나눔을 위한 질문

Q 참된 신자가 구원에 있어서 '견고하게 인내'하는 것을 무엇이라고 합니까?

Q 성도의 견인이 가능한 일곱 가지 이유는 무엇입니까?

①

②

③

④

⑤

⑥

⑦

11
죽음

죽음

죽음은 정상이 아닙니다. 태초에는 죽음이 없었습니다. 인간은 죽기 위해 창조되지 않았고, 살기 위해 창조되었습니다. 그렇다면 왜 죽음이 존재할까요? 죄 때문입니다. "죄의 삯은 사망이요"(롬 6:23). 죽음은 죄의 결과입니다. 죽음은 죄인을 향한 하나님의 형벌입니다.

죽음은 우주적입니다. 죽음이 없는 곳은 아무 데도 없으며, 죽음을 피할 수 있는 사람은 한 사람도 없습니다. 그 이유는 모든 사람이 아담의 죄에 연루되어 있기 때문입니다. 아담은 첫 사람인 동시에, 모든 인류의 대표입니다. 따라서 아담의 죄와 타락은, 모든 인류의 죄와 타락이나 마찬가지입니다. "그러므로 한 사람으로 말미암아 죄가 세상에 들어오고 죄로 말미암아 사망이 들어왔나니 이와 같이 모든 사람이 죄를 지었으므로 사망이 모든 사람에게 이르렀느니라"(롬 5:12).

그렇다면 신자에게 죽음은 어떤 것일까요? 신자의 죽음과 불신자의 죽음 사이에는 어떤 차이가 있을까요? 성경은 구원받은 사람들의 죽음에 대해 다음과 같이 말합니다.

첫째, 신자들은 **마지막 날에 죽음 자체에서 구출됩니다.** "맨 나중에 멸망받을 원수는 사망이니라"(고전 15:26). "맨 나중"은 부활 이후를 말합니다. 부활한 신자들은 더 이상 죽지 않습니다. 종말에는 죽음도 사라집니다.

둘째, 신자의 죽음은 **형벌로써의 죽음이 아닙니다.** "그들은 평안에 들어갔나니 바른 길로 가는 자들은 그들의 침상에서 편히 쉬리라"(사 57:2). 신자의 죽음은 평안으로 들어가는 길입니다. 신자들은 죽음이라는 침상에서 편히 쉴 것입니다. 이는 신자의 죽음이 형벌로써의 죽음이 아니기 때문입니다. 신자들은 죽음과 함께 하나님 곁으로 갑니다.

셋째, 신자의 죽음은 **죄에서 해방되는 마지막 단계입니다.** "지금 이후로 주 안에서 죽는 자들은 복이 있도다 하시매 성령이 이르시되 그러하다 그들이 수고를 그치고 쉬리니 이는 그들의 행한 일이 따름이라 하시더라"(계 14:13). 구원받은 신자들도 이 땅에서 사는 동안에는 여러 가지 고통을 겪습니다. 신자들의 본성에 죄가 남아 있고, 신자들을 둘러싼 환경이 죄로 가득하기 때문입니다. 그래서 신자의 죽음은 복된 죽음입니다. 죽음을 통해 죄가 주는 고통에서 영원히 해방되기 때문입니다.

넷째, 신자는 죽음을 통해 **그리스도와 더욱 깊은 교제를 나눕니다.** "내가 그 둘 사이에 끼었으니 차라리 세상을 떠나서 그리스도와 함께 있는 것이 훨씬 더 좋은 일이라 그렇게 하고 싶으나"(빌 1:23). 바울은 살기보다 죽기를 원했습니다. 죽는 것을 더 좋게 생각했습니다. 죽음을 통해 그리스도 곁으로 가고, 그리스도 곁에서 더욱 깊은 교제를 나눌 수 있기 때문입니다.

정리하면 신자는 죽음을 통해 죄에서 해방되며, 그리스도와 깊이 교제하게 됩니다. 죽더라도 형벌로써 죽는 것이 아니며, 마지막 날에는 죽음 자체에서 구출됩니다.

신자의 죽음은?

죄에서 벗어나 하나님 곁으로 가는 통로

중간 상태

죽음과 부활 사이의 기간을 '중간 상태'라고 합니다. 신자의 중간 상태와 불신자의 중간 상태는 확연하게 다릅니다. 신자의 영혼은 죽음과 함께 완전히 거룩하게 됩니다(히 12:23). 신자의 영혼은 죽는 즉시 하나님 곁으로 갑니다(빌 1:23). 신자의 몸은 땅에서 흙이 됩니다. 하지만 여전히 예수님과 연합되어 있으며(살전 4:14), 그 상태로 부활의 날까지 편히 쉽니다(사 57:2).

불신자의 영혼은 죽음과 함께 지옥에 던져집니다(눅 16:23). 그곳에서 고통을 받습니다(눅 16:23). 불신자의 몸은 땅에서 흙이 됩니다. 흙은 불신자의 몸을 가둔 감옥과 같습니다. 불신자들은 무덤이라는 감옥에서 마지막 심판의 날을 기다립니다.

구원의 서정

작정과 예정 ⋯ 속죄 ⋯ 부르심 ⋯ 중생 ⋯ 연합 ⋯ 회심(회개와 믿음) ⋯
칭의 ⋯ 양자 됨 ⋯ 성화 ⋯ 견인 ⋯ 죽음 ⋯ **영화**

1	작정 과 예정	작정	하나님께서 당신의 영광을 위하여, 앞으로 일어날 모든 일을, 창세전에 미리 계획하신 것
		예정	하나님의 작정 가운데, 신자의 구원에 관한 것
2	속죄	죽음 (수동적 순종)	예수님께서 우리의 죄를 해결하시기 위해 우리 대신 십자가에서 죽으신 것
		순종 (능동적 순종)	예수님께서 우리를 의롭게 하시기 위해 우리 대신 율법에 순종하신 것
3	부르심 과 중생	부르심	그리스도께서 이루신 구원을 받도록 초대하시는 하나님의 호출
		중생	하나님께서 성령의 능력으로 우리를 영적으로 다시 태어나게 하셔서, 우리의 성향을 변화시키시는 것
4	연합		택함받은 자들이 그리스도와 영적·유기적으로 연합되어 예수님께 속한 자가 되며, 영원토록 예수님으로부터 영적 생명을 공급받는 것
5	회심	회개	자기 죄를 알고 슬퍼하며, 죄악된 삶에서 돌이키는 것
		믿음	구원 얻기 위하여 그리스도를 영접하고, 율법이 아니라 그리스도만 의지하는 것
6	칭의		하나님께서 믿음을 통해 우리에게 전가된 그리스도의 의를 보시고, 우리의 모든 죄를 용서하시며, 우리를 의롭다고 선언하시는 은혜의 행위
7	양자 됨		하나님께서 그리스도 때문에 우리를 자녀로 입양하시고, 우리에게 아들의 영을 보내시며, 친자녀처럼 돌보시고, 천국을 상속해 주시는 것
8	성화		우리의 전인격을 하나님의 형상으로 변화시키시고, 죄에는 죽고 의에는 살도록 하시는, 성령 하나님의 계속적이고 은혜로우신 사역
9	견인		택함받은 자들이 구원을 잃어버리지 않도록 도우시는 성령의 사역
10	죽음		죄에서 벗어나 하나님 곁으로 가는 통로

나눔을 위한 질문

Q 왜 죽음이 존재합니까?

Q 신자에게 죽음이란 어떤 것입니까?

①

②

③

④

Q 죽음과 부활 사이의 기간을 무엇이라고 합니까?

12
영화

영화

영화는 구원의 마지막 단계입니다. "또 미리 정하신 그들을 또한 부르시고 부르신 그들을 또한 의롭다 하시고 의롭다 하신 그들을 또한 **영화롭게 하셨느니라**"(롬 8:30). 영화는 구원의 적용에 있어서, 죽음을 이기고 다시 살아나 **부활의 몸**을 입는 단계입니다. 따라서 영화롭게 되는 날은 승리의 날입니다. 그날 우리는 사망을 밟고 일어설 것입니다. 사망은 완전히 패배할 것입니다.

영화란?

구원의 가장 마지막 단계로서, 다시 살아난 신자들이 부활의 몸을 입는 것

구약 성경과 영화

구약 성경은 영화에 대해 다음과 같이 말합니다.

그러나 하나님은 나를 영접하시리니 이러므로 **내 영혼을 스올의 권세에서 건져내시리로다** _ 시 49:15

주의 죽은 자들은 살아나고 그들의 시체들은 일어나리이다 _ 사 26:19

땅의 티끌 가운데에서 **자는 자 중에서 많은 사람이 깨어나 영생을 받는 자도 있겠고 수치를 당하여서 영원히 부끄러움을 당할 자도 있을 것이며** _ 단 12:2

신약 성경과 영화

신약 성경은 영화에 대해 다음과 같이 말합니다.

무덤 속에 있는 자가 다 그의 음성을 들을 때가 오나니 선한 일을 행한 자는 **생명의 부활**로, 악한 일을 행한 자는 심판의 부활로 나오리라 _ 요 5:28-29

나를 보내신 이의 뜻은 내게 주신 자 중에 내가 하나도 잃어버리지 아니하고 **마지막 날에 다시 살리는 이것이니라** _ 요 6:39

예수를 죽은 자 가운데서 살리신 이의 영이 너희 안에 거하시면 그리스도 예수를 죽은 자 가운데서 살리신 이가 너희 안에 거하시는 그의 영으로 말미암아 **너희 죽을 몸도 살리시리라** _ 롬 8:11

부활의 몸

성경은 부활의 몸에 대해 다음과 같이 말합니다.

첫째, 죽지 않는 몸으로 부활할 것입니다. "죽은 자의 부활도 그와 같으니 썩을 것으로 심고 썩지 아니할 것으로 다시 살아나며"(고전 15:42). 썩음은 죽음을 의미합니다. 모든 사람은 결국 죽음을 맞이

합니다. 하지만 예수님과 함께 다시 살아난 사람들은 결코 죽지 않는 몸을 가지게 될 것입니다.[*] 부활의 몸은 병에 걸리거나, 다치거나, 쇠약해지거나, 늙지 않을 것입니다.

둘째, 가장 아름답고 지혜로운 몸으로 부활할 것입니다. "욕된 것으로 심고 영광스러운 것으로 다시 살아나며"(고전 15:43). '영광'으로 번역된 헬라어는 '독사'입니다. 독사는 아름다움을 의미합니다. 부활의 몸은 내적으로는 가장 지혜롭고, 외적으로는 가장 아름다울 것입니다.

셋째, 오직 선한 것만을 생각하고 행하는 몸으로 부활할 것입니다. "약한 것으로 심고 강한 것으로 다시 살아나며"(고전 15:43). 현재 몸은 선을 행하기에 철저하게 무기력합니다. 하나님께 영광 돌리기에 터무니 없이 부족합니다. 하지만 부활의 몸은 선을 행하기에 충분한 능력을 가지고 있을 것입니다. 우리는 부활의 몸으로 온전한 영광을 하나님께 돌려드릴 것입니다.

넷째, 성령으로 완전히 충만한 몸으로 부활할 것입니다. "육의 몸으로 심고 신령한 몸으로 다시 살아나나니"(고전 15:44). 지금 우리는 성령으로 충만하지 않을 때가 많습니다. 하지만 부활의 몸은 성령으로 완전히 충만한 몸일 것입니다. 우리는 완전히 거룩한 몸을 가지고, 새 하늘과 새 땅에서 새로운 삶을 살게 될 것입니다.

---

[*]   그랜트 오스본 편, 『적용을 도와주는 고린도전서』(서울: 성서유니온, 2009), 376.

	현재의 몸	부활의 몸
썩을 것으로 심고 썩지 아니할 것으로 다시 살아나며 (고전 15:42)	병들고, 늙고, 죽음	병들지 않고, 늙지 않고, 죽지 않음
욕된 것으로 심고 영광스러운 것으로 다시 살아나며 (고전 15:43)	아름답지 않고 미련함	아름답고 지혜로움
약한 것으로 심고 강한 것으로 다시 살아나며 (고전 15:43)	선을 행하기에 약함	선을 행하기에 강함
육의 몸으로 심고 신령한 몸으로 다시 살아나나니 (고전 15:44)	성령으로 충만하지 않음	성령으로 충만함

부활 이후의 세상

부활한 신자들은 아마도 서로를 알아볼 것입니다. 예수님께서는 부활한 신자들이 아브라함과 이삭과 야곱을 만날 것이라고 하셨습니다(마 8:11). 아브라함과 이삭과 야곱을 알아볼 것이라는 뜻입니다. 변화산 사건도 중요한 증거입니다. 제자들은 변화산에서 모세와 엘리야를 보았습니다. 제자들은 모세와 엘리야를 알아보았습니다. 마찬가지로 우리는 부활한 이후에 서로를 알아볼 것입니다.

부활 이후의 세상에는 사람에게 해로운 것이 전혀 없을 것입니다. 태초의 세상은 지금과 같지 않았습니다. 처음에는 잡초와 가시가 없었습니다. 해로운 벌레와 무서운 짐승도 없었습니다. 세상이 이렇게 끔찍하게 변한 것은 아담의 범죄 때문입니다. 마지막 날에는 죄가 사라질 것이므로, 피조 세계도 변할 것입니다(롬 8:21). 잡초와 가시가 사라지고, 해충이 사라지며, 잔인한 짐승도 사라질 것입니다. 홍수와 가뭄이 사라질 것이며, 사람이 살 수 없는 사막과 극지대도 사라질 것입니다. 지진과 화산 폭발도 없을 것입니다. 세상에는 사람에게 이로운 것만 존재할 것이며, 사람에게 유익한 식물과 동물만 존재할 것입니다.

> 그 때에 이리가 어린 양과 함께 살며 표범이 어린 염소와 함께 누우며 송아지와 어린 사자와 살진 짐승이 함께 있어 어린아이에게 끌리며 암소와 곰이 함께 먹으며 그것들의 새끼가 함께 엎드리며 사자가 소처럼 풀을 먹을 것이며 젖 먹는 아이가 독사의 구멍에서 장난하며 젖 뗀 어린아이가 독사의 굴에 손을 넣을 것이라 내 거룩한 산 모든 곳에서 해 됨도 없고 상함도 없을 것이니 이는 물이 바다를 덮음같이 여호와를 아는 지식이 세상에 충만할 것임이니라 _ 사 11:6-9

구원의 서정

작정과 예정 ⟶ 속죄 ⟶ 부르심 ⟶ 중생 ⟶ 연합 ⟶ 회심(회개와 믿음) ⟶
칭의 ⟶ 양자 됨 ⟶ 성화 ⟶ 견인 ⟶ 죽음 ⟶ 영화

1	작정과 예정	작정	하나님께서 당신의 영광을 위하여, 앞으로 일어날 모든 일을, 창세전에 미리 계획하신 것
		예정	하나님의 작정 가운데, 신자의 구원에 관한 것
2	속죄	죽음 (수동적 순종)	예수님께서 우리의 죄를 해결하시기 위해 우리 대신 십자가에서 죽으신 것
		순종 (능동적 순종)	예수님께서 우리를 의롭게 하시기 위해 우리 대신 율법에 순종하신 것

3	부르심 과 중생	부르심	그리스도께서 이루신 구원을 받도록 초대하시는 하나님의 호출
		중생	하나님께서 성령의 능력으로 우리를 영적으로 다시 태어나게 하셔서, 우리의 성향을 변화시키시는 것
4	연합		택함받은 자들이 그리스도와 영적·유기적으로 연합되어 예수님께 속한 자가 되며, 영원토록 예수님으로부터 영적 생명을 공급받는 것
5	회심	회개	자기 죄를 알고 슬퍼하며, 죄악된 삶에서 돌이키는 것
		믿음	구원 얻기 위하여 그리스도를 영접하고, 율법이 아니라 그리스도만 의지하는 것
6	칭의		하나님께서 믿음을 통해 우리에게 전가된 그리스도의 의를 보시고, 우리의 모든 죄를 용서하시며, 우리를 의롭다고 선언하시는 은혜의 행위
7	양자 됨		하나님께서 그리스도 때문에 우리를 자녀로 입양하시고, 우리에게 아들의 영을 보내시며, 친자녀처럼 돌보시고, 천국을 상속해 주시는 것
8	성화		우리의 전인격을 하나님의 형상으로 변화시키시고, 죄에는 죽고 의에는 살도록 하시는, 성령 하나님의 계속적이고 은혜로우신 사역
9	견인		택함받은 자들이 구원을 잃어버리지 않도록 도우시는 성령의 사역
10	죽음		죄에서 벗어나 하나님 곁으로 가는 통로
11	영화		구원의 가장 마지막 단계로서, 다시 살아난 신자들이 부활의 몸을 입는 것

나눔을 위한 질문

Q 구원의 마지막 단계는 무엇입니까?

Q 성경은 부활의 몸을 어떻게 설명합니까?

①

②

③

④

13
구원의 황금 사슬

종교개혁 이후 개신교 신학자들은 구원의 서정을 '황금 사슬'이라는 표현으로 설명하곤 했습니다. 사슬이 끊어지지 않게 연결되어 있듯이, 하나님의 구원도 예정부터 영화까지 긴밀하게 연결되어 있다는 뜻입니다. 대표적으로《구원의 황금 사슬》을 출간한 헤르만 렌네헤루스(Herman Rennecherus)와《황금 사슬》을 출간한 윌리엄 퍼킨스(William Perkins)를 꼽을 수 있습니다.

황금 사슬의 근거가 되는 대표적인 구절은 로마서 8장 30절입니다. "또 미리 정하신 그들을 또한 부르시고 부르신 그들을 또한 의롭다 하시고 의롭다 하신 그들을 또한 영화롭게 하셨느니라"(롬 8:30). 하나님께서는 미리 정하신 자들을 부르십니다. 예정과 부르심은 끊어질 수 없게 연결되어 있습니다. 하나님께서는 부르신 자들을 의롭다 하십니다. 부르심과 칭의는 끊어질 수 없게 연결되어 있습니다. 하나님께서는 의롭다 하신 자들을 영화롭게 하십니다. 칭의와 영화는 끊어질 수 없게 연결되어 있습니다.

예정된 자들은 반드시 부르심을 받으며, 부르심을 받은 자들은 반드시 칭의되고, 칭의된 자들은 반드시 영화롭게 됩니다. 예정되었으나 부르심을 받지 못하는 사람은 없고, 부르심을 받았으나 칭의되지 못하는 사람은 없으며, 칭의되었으나 영화에 이르지 못하는 사람은 없습니다.

예정된 자들은 반드시 영화에 이릅니다. 예정된 자들은 반드시 구원을 받습니다. 구원의 서정은 긴밀하게 연결되어 있습니다. 절대로 끊어지지 않습니다. 그래서 구원의 황금 사슬입니다.

구원의 황금 사슬을 반대한 대표적인 사람은 네덜란드의 목사이자 신학자였던 야코부스 아르미니우스(Jacobus Arminius)입니다. 알미니안주의를 창시한 바로 그 사람입니다. 아르미니우스는 칼뱅주의 5대 교리를 반대했고, 특히 5대 교리 중 하나인 성도의 견인 교리를 반대했습니다. 아르미니우스는 구원에서 탈락하는 것이 가능하다고 주장했습니다. 구원으로 예정된 사람도 구원을 잃어버릴 수 있으며, 구원의 서정은 긴밀하게 연결되어 있지 않았다고 보았습니다.

아르미니우스는 자신의 주장이 철저하게 성경에 근거하고 있다고 보았습니다. 하지만 아르미니우스는 잘못 생각하고 있었습니다. 성경은 알미니안주의를 지지하지 않습니다. 성경은 구원이 하나님의 일이며, 하나님의 구원하심은 끊어질 수 없게 연결되어 있다고 말합니다.

하나님께서는 창세전에 구원받을 자들을 예정하셨고, 그들을 거룩하고 흠이 없게 하실 것을 계획하셨습니다. "곧 창세전에 그리스도 안에서 우리를 택하사 우리로 사랑 안에서 그 앞에 거룩하고 흠이 없게 하시려고"(엡 1:4). 구원으로 예정하신 자들을 거룩하고 흠이 없게 하신다는 것은, 예정과 영화가 연결되어 있다는 뜻입니다. 예정의 결과는 영화이고, 영화의 근거는 예정입니다. 예정과 영화는 끊어질 수 없게 연결되어 있습니다.

하나님께서는 구원으로 예정된 자들을 예수님께 맡기셨고, 예수님은 그들의 구원을 위해 일하셨습니다. "세상 중에서 내게 주신 사람들에게 내가 아버지의 이름을 나타내었나이다"(요 17:6). "내가 그들을 위하여 비옵나니 내가 비옵는 것은 세상을 위함이 아니요 내게 주신 자들을 위함이니이다 그들은 아버지의 것이로소이다"(요 17:9). 예수님은 하나님께서 맡기신 일을 성취하십니다. 예수님은 하나님께서 맡기신 자들의 구원을 이루십니다. 전능하신 예수님께서 하나님께서 맡기신 일에 실패할 수는 없습니다. 따라서 예정된 자들의 구원은 확실합니다. 구원으로 예정된 자들은 구원에서 탈락하지 않습니다.

하나님께서는 예정하신 자들을 때가 되면 부르십니다. "이는 너희를 부르사 자기 나라와 영광에 이르게 하시는 하나님께 합당히 행하게 하려 함이라"(살전 2:12). 하나님께서 부르시는 목적은 구원의 가능성을 주시기 위함이 아닙니다. 하나님은 예정하신 자들을 구원을 주시기 위해서 부르시고, 영광에 이르게 하시려고 부르십니다. 예정과 부르심과 영광은 긴밀하게 연결되어 있습니다. 끊어질 수 없는 황금 사슬입니다.

구원의 황금 사슬을 의심하는 것은 하나님의 능력을 의심하는 것과 같습니다. 구원의 황금 사슬을 부정하는 것은, 하나님을 향하여 자신의 계획도 이루지 못하는 무능력한 분이라고 말하는 것과 같습니다. 하나님은 무능력한 분이 아니십니다. 하나님은 전능하신 분이십니다. 하나님은 말씀하신 것을 반드시 이루시는 분이십니다.

따라서 구원의 황금 사슬은 사실이고, 진리입니다.

구원의 서정은 황금 사슬과 같이 연결되어 있습니다. 성부께서는 구원받을 자들을 예정하셨고, 성자께서는 예정된 자들의 구원을 이루셨습니다. 예정된 자들의 구원은 예수님의 순종과 죽음을 통해 확실하게 성취되었습니다. 성령께서는 성부께서 예정하시고, 성자께서 이루신 구원을 적용하십니다. 이른 바 성령의 적용 사역입니다.

성령의 적용 사역은 부르심과 중생과 연합을 통해 시작됩니다. 성령께서는 예정된 자들을 부르시고, 예정된 자들에게 새생명을 주시고, 예정된 자들이 그리스도와 연합하게 하십니다. 부르심과 중생과 연합을 경험한 자들은 회심하게 됩니다. 회개를 통해 죄와 단절하고, 믿음을 통해 그리스도를 바라보게 됩니다.

회심한 자에게 일어나는 일은 칭의와 양자 됨입니다. 예수님을 믿는 자들은 의인이라는 새로운 신분을 얻고, 하나님의 자녀라는 새로운 관계를 얻습니다. 동시에 성화도 시작됩니다. 하지만 칭의와 양자 됨이 한 순간에 완성되는 일인 반면, 성화는 평생에 걸쳐 지속되는 일입니다.

성화가 평생에 걸쳐 지속되는 이유는 견인의 은혜 때문입니다. 하나님께서는 구원으로 예정된 자들이 계속해서 믿음을 지킬 수 있도록 도와주십니다. 신자들이 견고하게 인내할 수 있도록 붙드십니다.

예정된 자들은 죽음조차도 성화의 수단으로 사용됩니다. 불신자들은 죽음을 통해 영원한 사망이라는 동굴 속으로 들어가지만, 신자들은 죽음이라는 터널을 통과하여 영생으로 나아갑니다. 죽음을 통해 죄와 단절합니다.

죽음 다음은 영화입니다. 죽음으로 끝나지 않고, 죽음을 통해 새

처음 시작하는 구원론

롭게 됩니다. 죽음 이후 부활의 몸을 입습니다. 예정된 자들은 죽음에서 부활하여, 병들지 않고, 늙지 않고, 죽지 않고, 아름답고, 지혜롭고, 선하고, 성령 충만한 몸을 입게 됩니다.

이것이 신자의 삶입니다. 이것이 구원으로 예정된 자들의 인생입니다. 이것이 성도의 복입니다. 우리는 복받을 자들로 창세전부터 선택되었습니다.

구원의 황금 사슬

작정과 예정 ⋯▸ 속죄 ⋯▸ 부르심 ⋯▸ 중생 ⋯▸ 연합 ⋯▸ 회심(회개와 믿음) ⋯▸
칭의 ⋯▸ 양자 됨 ⋯▸ 성화 ⋯▸ 견인 ⋯▸ 죽음 ⋯▸ 영화

나눔을 위한 질문

Q 구원의 서정을 황금 사슬이라고 표현하는 이유는 무엇입니까?

Q 황금 사슬의 근거가 되는 말씀은 무엇입니까?

Q 구원의 황금 사슬을 의심하는 것은 무엇을 의심하는 것과 같습니까?

| 참고 도서 |

앤서니 후크마. 『개혁주의 구원론』. 서울: 부흥과 개혁사, 2012.

루이스 벌코프. 『조직신학』. 고양: 크리스챤다이제스트, 2000.

루이스 벌코프. 『기독교 교리 요약』. 서울: 소망, 2010.

웨인 그루뎀. 『웨인 그루뎀의 조직신학 (중): 성령론, 구원론, 기
    독론』. 서울: 은성, 2009.

존 칼빈. 『기독교강요 (중)』. 고양: 크리스챤다이제스트, 2003.

그랜트 오스본 편. 『적용을 도와주는 고린도전서』. 서울: 성서유
    니온, 2009.